Peter Eichhorn

Neue Staatswirtschaft

Peter Eichhorn

Neue Staatswirtschaft

Rückkehr des Merkantilismus?

wbg Academic

Die Deutsche Nationalbibliothek verzeichnet diese Publikation
in der Deutschen Nationalbibliographie; detaillierte bibliographische
Daten sind im Internet über http://dnd.d-nb.de abrufbar.

wbg Academic ist ein Imprint der Verlag Herder GmbH

Satz: SatzWeise, Bad Wünnenberg
Gedruckt auf säurefreiem und
alterungsbeständigem Papier
Printed in Germany

Besuchen Sie uns im Internet: www.wbg-wissenverbindet.de

ISBN 978-3-534-40231-1

Elektronisch sind folgende Ausgaben erhältlich:
E-Book (PDF): 978-3-534-40232-8
E-Book (epub): 978-3-534-40233-5

Inhalt

Einführung 7

Kapitel 1 Extensive Gebührenpolitik 13

Kapitel 2 Expansiver Markteintritt 25

Kapitel 3 Verbetriebswirtschaftlichung 33

Kapitel 4 Doppik statt Kameralistik 51

Kapitel 5 Manager im öffentlichen Sektor 59

Kapitel 6 Staatshilfen und Beteiligungen 71

Kapitel 7 Rekommunalisierungen 79

Kapitel 8 Merkantile Schutzschirme? 83

Auswahlbibliografie 89

Einführung

Nahezu unbemerkt von Politik, Wissenschaft, Medien und Allgemeinheit vollzieht sich seit geraumer Zeit in Deutschland, teilweise auch in anderen Staaten, eine Entwicklung, die man als Neue Staatswirtschaft bezeichnen kann.

Bereits im Zeitalter des Absolutismus ab dem 16. Jahrhundert, jener ersten Erscheinungsform des modernen Staates mit der Erhebung der Souveränität zum Kriterium der Staatlichkeit, fördern die Territorialstaaten in Spanien, Frankreich, England, Holland, Deutschland und Österreich mit ihrer Staatswirtschaft, damals Merkantilismus genannt, Außen- und Binnenhandel, Gewerbe und Manufakturen unter staatlicher Aufsicht. Der Merkantilismus, der in Frankreich nach dem seinerzeit bedeutendsten Minister von König Ludwig XIV. (1638–1715), Jean Baptiste Colbert (1619–1683), Colbertismus und in Deutschland Kameralismus hieß (vom lateinischen *camera principis*, also fürstliche Schatzkammer), suchte den Wohlstand des Königs und der Fürsten sowie das Wohl der Untertanen zu mehren.

Die merkantile Wirtschaftsförderung folgt keiner ausgefeilten Theorie, eher separaten Einsichten in ökonomische Zusammenhänge aus Sicht des Staates. Trotz mancherlei Ungereimtheiten und Begünstigungen wurde diese Wirtschaftspolitik vom aufstrebenden Bürgertum positiv betrachtet. Schließlich bot sich die Gelegenheit, Reichtum und Macht selbst zu erwerben und die tradierten Standesgrenzen zu überwinden.

Kritisch gegen die Systemlosigkeit und Sprunghaftigkeit staatlicher Eingriffe in das Wirtschaftsgeschehen äußerten sich hingegen die französischen Physiokraten, namentlich François Quesnay (1694–1774) und Anne Robert Jacques Turgot (1727–1781). Sie waren mit dem Zustand Frankreichs in der zweiten Hälfte des 18. Jahrhunderts unzufrieden, der durch Bevölkerungsrückgang, Inflation, hohe und ungleich verteilte Steuerlasten sowie unzureichende Agrarwirtschaft gekennzeichnet war. Von der allein produktiven Landwirtschaft erhoffte man sich Überschüsse zur Sanierung der Staatsfinanzen. Man forderte die Abschaffung von Handelshemmnissen, die Aufhebung protektionistischer Maßnahmen und die Öffnung des Außenhandels. Damals entstand das Sprichwort: *Laissez faire, laissez passer, le monde va de lui-même*.

Zu den Kritikern des Merkantilismus gehörte vor allem auch der schottische Moralphilosoph und Nationalökonom Adam Smith (1723–1790). Er leitete (mit heutigen Worten) einen Paradigmenwechsel ein, indem er vom Standpunkt des Individuums aus argumentierte. Nach seinem individuell-liberalen System soll jeder im wohlverstandenen Eigeninteresse handeln, und spiele sich dieser Wettbewerb im Rahmen staatlich garantierter Grund- und Freiheitsrechte ab, bewirke die „invisible hand“ allgemeinen Wohlstand. Das Eigeninteresse sei mithin der Hebel für das Gemeinwohl.

Grundsätzlich stellt sich die Frage nach der Rolle des

Staates in der Wirtschaft. Sie wurde in den Zeitläufen unterschiedlich beantwortet. Bis heute werden die Diskussionen kontrovers geführt. Oft mehr ideologisch als pragmatisch. Merkantilismus, Physiokratie und Liberalismus beruhen auf verschiedenen Ausgangslagen, betonen die Interessen diverser Akteure (Staat, Agrarbetriebe, Gewerbetreibende), vertreten gegensätzliche Positionen zu den Prinzipien Bindung und Freiheit sowie zu den Koordinationsinstrumenten Plan und Markt.

Nach dem Zweiten Weltkrieg boten sich in Westeuropa Möglichkeiten ordnungspolitischer Erneuerung. In Frankreich nahm es nicht Wunder, dass man Tradition und Modernität, Zentralstaat und Wirtschaftsfreiheit mit der Planifikation zum Ausgleich bringen wollte. Durch staatlich vorgegebene Richtwerte für Produktion und Investition und kredit- und finanzpolitische Hilfen und Beschränkungen hoffte man, krisenfestes und stetiges Wachstum zu erreichen. In Deutschland wurde die Soziale Marktwirtschaft entworfen. In Abschwächung einer reinen Marktwirtschaft schützt der Staat als Sozialstaat wirtschaftlich Schwache und stellt für diese ein menschenwürdiges Dasein und eine angemessene Beteiligung am allgemeinen Wohlstand sicher.

Mittlerweile hat sich die Europäische Union mit einer Wirtschafts- und Währungsunion etabliert. Ihre Wirtschaftspolitik ist dem Grundsatz einer offenen Marktwirtschaft mit freiem Wettbewerb verpflichtet. Das bedeutet: keine Binnengrenzen und freier Waren-, Personen-, Dienstleistungs- und Kapitalverkehr zwischen den 27 Mitgliedstaaten. Sie betreiben Wirtschaftspolitik als Ordnungs-, Prozess- und Strukturpolitik.

Kern der Ordnungspolitik in der Marktwirtschaft ist die Wettbewerbspolitik, die die Märkte funktionsfähig zu halten hat. In der Sozialen Marktwirtschaft nehmen Regulierungs-, Sozial- und Umweltpolitik infrastrukturelle, sozialpolitische und ökologische Korrekturen an einer einseitigen Gewinnorientierung vor. Die Prozesspolitik widmet sich dem Ablauf des Wirtschaftsprozesses und beeinflusst ihn mit der Konjunktur- und Wachstumspolitik. Bei der Strukturpolitik handelt es sich je nach Ausrichtung um sektorale oder regionale Strukturpolitik. Dazu gehören die Wirtschaftsbereichspolitiken wie Agrar-, Energie-, Industrie-, Mittelstands-, Verkehrs-, Vermögens- und Wohnungspolitik. Eine Gliederung nach Art der eingesetzten monetären Instrumente kommt zu einer Einteilung der Wirtschaftspolitik in Finanz- (insbesondere Haushalts- und Steuer-), Geld-, Kredit- und Währungspolitik.

Diese pluralistische Wirtschaftspolitik, die merkantile und liberale Pole aufweist, wird um vielfältige Verfeinerungen ergänzt. Sie sind nicht Ergebnis eines einheitlichen Konzepts, sondern sind Ausdruck einer heterogenen Neuen Staatswirtschaft. Kennzeichnend ist für sie, dass staatliche Maßnahmen mit dem Ziel ergriffen werden, die Volkswirtschaft an zeitgemäße Erfordernisse anzupassen und für mehr Effizienz im öffentlichen Sektor zu sorgen. Die Neue Staatswirtschaft bildet ein Mosaik aus einzelnen angestrebten Modulen. Im Wesentlichen lassen sich sieben Bausteine identifizieren:

1. Bundes-, Landes- und Kommunalverwaltungen ziehen hierzulande die Gebührenschraube an und finanzieren Teile ihrer Haushalte mit Verwaltungs- und Benutzungsgebühren.

2. Für viele staatliche und städtische Dienste, Einrichtungen und Unternehmen reichen die steuerfinanzierten Zuschüsse nicht aus und müssen zur Steigerung der Kostendeckungsgrade Umsatzerlöse herhalten.
3. Dank der Öffentlichen Betriebswirtschaftslehre im deutschsprachigen Raum und New Public Management bzw. allgemein: des Managerialismus im vornehmlich englischsprachigen Ausland findet in Behörden eine „Verbetriebswirtschaftlichung“ statt.
4. Sie schlägt sich besonders in der Abkehr von Einnahmen-Ausgaben-Plänen und in der Hinwendung zu kaufmännischen Rechnungsgrößen und -abschlüssen nieder.
5. An die Stelle der ehemaligen Kameralisten treten öffentliche Manager, die Führungspositionen einnehmen.
6. Staatshilfen, Staatsbeteiligungen an privaten Unternehmen und Gründungen von öffentlichen Unternehmen erfüllen Aufgaben der Daseinsvorsorge und sichern bei Marktversagen und anderen Grenzsituationen das Überleben der Bevölkerung.
7. Wo sich Privatisierungen als ungeeignet erweisen, werden im Zuge einer Rekommunalisierung wieder kommunale Unternehmen eingesetzt.

Mit diesen sieben Maßnahmen befassen sich die folgenden Kapitel. Das achte Kapitel schließt die Arbeit ab. Meine Denkmethode beruht primär auf allgenmein bekannten Tatsachen, Eindrücken und Erkenntnissen, zum Teil auch auf Erfahrungen mit Behörden und Betrieben.

Kapitel 1
Extensive Gebührenpolitik

Gebühren gehören zu den öffentlichen Abgaben. Bei diesen liegt das Augenmerk auf den Steuern (samt Zöllen, die auch Steuern sind und bei der Überschreitung des Zollgebiets auf bestimmte Waren erhoben werden). Mit Steuerpflicht, Steuerrecht und Steueraufkommen (eventuell auch mit Steuerhinterziehung) befassen sich nicht nur die Menschen als Privatpersonen oder Berufstätige, sondern auch alle steuerpflichtigen Unternehmen und selbst steuerbefreite Dienste und Einrichtungen, weil ihre steuerprivilegierte Gemeinnützigkeit vom Finanzamt anerkannt werden muss. Berater, Behörden, Lobbyisten, Steuergesetzgeber und Gerichte sind unentwegt dabei, Steuerlasten zu minimieren oder zu oktroyieren, Steuerfälle zu klären und darüber zu entscheiden. Wissenschaftler verschiedener Fachgebiete kommentieren und kritisieren Lücken, Mängel und Rechtswidrigkeiten der Besteuerung oder suchen das Steuersystem zu optimieren. Für Journalisten ist die Steuererhebung ein ständiges Thema, das von den Medien gern in der Öffentlichkeit verbreitet wird.

Und was vernimmt man von Gebühren? Sie scheinen kaum der Rede wert zu sein. Erstaunlich, denn sie wachsen unaufhörlich, werden kaum gemessen bzw. ausreichend statistisch erfasst. Inzwischen bilden sie eine tragende Säule der Einnahmen der staatlichen und kommunalen Haushalte, neben den Einnahmen aus Besteuerung, Vermögensveräußerungen, Schuldenaufnahmen, Zinsen und sogenannten Erwerbseinkünften (von öffentlichen und gemischtwirtschaftlichen Unternehmen).

Aus rechtlicher Sicht sind Gebühren eine öffentlich-rechtliche Geldleistung, die als Gegenleistung für die besondere Inanspruchnahme der Verwaltung erhoben wird. Finanzwissenschaftlich betrachtet, zählt man sie zu den speziellen öffentlichen Abgaben, zu denen auch (z. B. Erschließungs- oder Straßenanlieger-)Beiträge gehören. Beiträge, die Infrastrukturinvestitionen finanzieren, sind ein beispielhaftes Mittel aus dem merkantilistischen Arsenal. Neuerdings soll in Rheinland-Pfalz die Beitragslast beim kommunalen Straßenausbau nicht mehr den direkten Anliegern aufgebürdet werden. Die künftig in der Regel wiederkehrenden Ausbaubeiträge sind von allen Grundstückseigentümern zu bezahlen, die einer Abrechnungseinheit (z. B. mehreren Wohngebieten oder Stadtteilen) zugeordnet werden. Vom staatswirtschaftlichen Standpunkt aus gesehen kommt es bei den speziellen öffentlichen Abgaben aber weniger auf die definitorische Kennzeichnung an, sondern auf die Tatsache, dass für staatliche/kommunale Leistungen Entgelte erhoben werden.

„Gebührenpolitik“ in der Überschrift ist deshalb in einem weiten Sinn zu verstehen, unabhängig davon, ob eine Gebühr im engen juristischen Sinn oder ein Beitrag oder ein sonstiges (oktroyiertes oder fakultatives) Entgelt vorliegt.

Welche Staatsleistungen (einschließlich der Leistungen von Kommunen) entgeltlich abgegeben werden, lässt sich nicht aus den Haushaltsplänen entnehmen. Die Entgelte verstecken sich oft hinter „unverdächtigen" Haushaltsposten oder einzelnen Organisationseinheiten. Aus der Fülle von Leistungsentgelten seien zunächst die volumenmäßig größten genannt (wobei das umgangssprachliche Wort „Gebühr" gebraucht wird, obwohl es nicht der juristischen Definition entspricht): Mautgebühren, Rundfunkbeiträge, Studiengebühren, Justizgebühren, Energie-, Wasser-, Gas- und Wärmeabgaben, Abwasser- und Abfallgebühren. In der Summe fallen aber auch geringe Gebühren ins Gewicht für Feuerwehren, Polizeieinsätze, Sicherheitsdienste, Straßenreinigung, Oberflächenwasser, Kfz-Parkplätze, Turnhallen, Sportanlagen, Schwimmbäder, Führerscheine, Personalausweise, Reisepässe, Buchausleihen, Beglaubigungen, Kopien usw.

Staatswirtschaftlich gesehen verkauft der Staat (Kommunen eingeschlossen) besondere Leistungen zu administrierten Preisen, die durch Gesetze, Verordnungen oder Satzungen festgelegt und unausweichlich zu bezahlen sind. Das früher manchmal verwendete Wort „Schutzgebühr" zur Sicherstellung bestimmter Verwaltungsleistungen ist längst überholt. Der Staat ist an der Erzielung von Einnahmen interessiert.

Leistungen des Staates (Kommunen eingeschlossen) werden deshalb auch zu regulierten oder vollständig freien Marktpreisen angeboten und nachgefragt. Freie Preisbildung muss nicht mit Gewinnmaximierung gleichgesetzt werden. Eine angemessene Gewinnerzielung beispielsweise seitens Stadtwerken, die Rücklagen für Investitionen und Rückstellungen für Risiken berücksichtigt hat, und eine maßvolle Gewinnausschüttung an die Trägerkommune erfüllen zwei wesentliche öffentliche Aufgaben: finanzielle Eigenbedarfsdeckung zum einen, die von Geldtransfers durch Konzessionsabgabenzahlungen und an soziale Brennpunkte in der Stadt begleitet wird, zum anderen eine kommunal-(lies: staats-) wirtschaftliche Lenkungsfunktion. Von den sogenannten Benutzungsgebühren (eigentlich Produktpreisen) ihrer Unternehmen und den Gewinnablieferungen profitiert die Gemeinde als Gesellschafterin. Die Gebührenpolitik alias Preispolitik lenkt Art, Menge, Qualität, Service und Umweltschutz im Bereich der Daseinsvorsorge.

Bei Leistungen, die von Städten oder Stadtwerken oder deren Tochtergesellschaften erbracht werden, wie beispielsweise die Einsammlung, Beseitigung, Aufbereitung und Entsorgung von Abfällen, hat nach den Kommunalabgabegesetzen der Länder das Aufkommen an Benutzungsgebühren die betriebswirtschaftlich zu kalkulierenden Kosten zu decken. Oft enthalten die Umsatzerlöse für andere Leistungen von Kommunen oder kommunalen Unternehmen (kostenüberdeckende) Gewinnanteile. Sie werden entweder einbehalten oder an die Trägerkommune ausgeschüttet.

Der finanzielle Zugriff des Staates bzw. der Stadt geschieht also direkt und indirekt. Für Gemeinwesen und Bürger erlauben die publizierten Daten zwar gewisse Rückschlüsse auf die Situation vor Ort. Eine transparente (volkswirtschaftliche) Aggregation ist damit nicht möglich. Dem steht auch die Vielgestaltigkeit des Staates entgegen.

Als Beispiel dafür möge eine Landesuniversität dienen. Forschung, Lehre und Studium, also Wissenschaft und akademische Bildung, werden mittels Steuern finanziert, keineswegs aber nur mit Steuern. Immer größer wird der Finanzierungsanteil von Drittmitteln (meist von Industrie und Stiftungen) für Forschungs- und Entwicklungsprojekte und aus Entgelten von Patenten (Lizenzgebühren) und Tochterunternehmen für Marketing, Merchandising, Publikationen und Weiterbildung (zu Letzterer mehr im 2. Kapitel), aus dem Betrieb von Wohnheimen, Mensen, Cafeterias, Labors und Werkstätten, aus der Vermietung und Verpachtung von Räumen und Gebäuden und aus Gewinnen des Körperschaftsvermögens (gegebenenfalls beruhend auf Kapitalanlagen, Weingütern, land- und forstwirtschaftlichen Betrieben). Ein Gesamtüberblick über alle Universitäten und (Fach-)Hochschulen und über weitere Bildungseinrichtungen eines Landes und sämtlicher Länder und des Bundes mit seinen entsprechenden Institutionen existiert nicht und erst recht nicht, welchen Anteil Gebühren (im weitesten Sinn von Entgelten) an ihrer Finanzierung haben.

Teil der Neuen Staatswirtschaft und ihrer extensiven Gebührenpolitik sind auch die Gebührenordnungen für bestimmte Berufsgruppen wie Ärzte, Zahnärzte, Tierärzte, Psychotherapeuten, Steuerberater, Rechtsanwälte, Notare, Wirtschaftsprüfer usw. Mit den staatlich normierten Gebührenordnungen werden (z.B. gesundheits- und berufs-)politische Ziele verfolgt und über die privaten Gebühreneinnahmen staatliche Steuereinnahmen ausgelöst.

Eine staatliche lukrative Einnahme bildet die Maut bzw. Straßenbenutzungsgebühr. Sie ist eine Art Wegzoll für die Benutzung von Autobahnen, anderen Straßen, Brücken und Tunneln und hilft in Deutschland, amtlich als Infrastrukturabgabe bezeichnet, die Straßeninfrastruktur zu finanzieren. Derzeit werden Lastkraftwagen mit einem Gewicht ab 7,5 Tonnen zur Kasse gebeten. In den Nachbarländern Österreich und Schweiz müssen alle Nutzer der Autobahnen eine Autobahnvignette kaufen. Die vom Mautbetreiber in Deutschland, einem Bundesunternehmen namens Toll Collect GmbH, erzielten Einnahmen erhält nach Abzug von Kosten und Gewinn der Bund als Straßenbaulastträger. Zuständig ist dafür ab 2021 „Die Autobahn GmbH des Bundes". Das ebenfalls im 100-prozentigen Eigentum des Bundes befindliche Unternehmen plant, baut, betreibt, finanziert und verwaltet die Autobahnen in Deutschland. Die Maut ist zweckgebunden. Anders gesagt: Die Maut bildet ein spezielles Entgelt zur partiellen Finanzierung von Fernstraßen. Allgemeine Deckungsmittel, also Steuern, werden insoweit weniger für Erhaltung und Bau von Fernstraßen bereitgestellt.

Neu ist an dieser Staatswirtschaft, dass der Anteil zweckgebundener Einnahmen weiter zunimmt. Insgesamt finanzieren Kfz-Steuer, Mineralölsteuer und Lkw-Maut rund ein Drittel der Ausgaben des Bundes für Straßenerhalt und Straßenbau. Die Maut entspricht dem Prinzip „Nutzer zahlt". Diese Kommerzialisierung staatlicher Leistungen wirkt sich für Pendler und andere Vielfahrer, für die Automobilindustrie und die gesamte

Volkswirtschaft gravierend aus. Wie folgenschwer diese „Benutzungsgebühren" ausfallen, ist noch nicht ergründet worden. Während Untersuchungen über Steuerwirkungen, insbesondere über Steuervermeidung und Steuerüberwälzung, zuhauf exisitieren, gibt es keine fundierte Gebührenwirkungslehre, auf die man zurückgreifen kann.

Ohne als Entgelt bezeichnet zu werden, ist hier auch auf den Soli hinzuweisen. Er steht für einen Solidaritätszuschlag zur Einkommen- und Körperschaftsteuer in Deutschland seit 1991. Rechtlich ist er als Ergänzungsabgabe auferlegt. Tatsächlich dient er der Einnahmenerzielung des Staates für merkantile Zwecke der Gewerbeförderung und der Infrastrukturfinanzierung der „Kosten der deutschen Einheit".

Gebührenpolitisches Neuland wurde mit dem Wechsel von der Rundfunkgebühr auf den Rundfunkbeitrag betreten. Die föderale Struktur Deutschlands weist Rundfunk (Hörfunk und Fernsehen) den Ländern zu. Diese errichteten Rundfunkanstalten als Anstalten öffentlichen Rechts, deren Finanzierung durch Staatsvertrag zwischen den Ländern und Zustimmung aller Landtage durch Gesetz gewährleistet wird. Die jetzt Rundfunkbeitrag genannte Sonderabgabe löste zwar das Gebührenmodell für die Inanspruchnahme einer Leistung ab, erlegt aber allen privaten Haushalten und allen Unternehmen und sonstigen Institutionen einen Rundfunkbeitrag unabhängig davon auf, ob Radio- oder TV-Geräte vorhanden sind und genutzt werden. Diese Zwangsabgabe für die wahlfreie Möglichkeit des Rundfunkempfangs hat das staatswirtschaftliche Spektrum der Einnahmenerzielung in Deutschland erweitert.

Den Finanzbedarf der Rundfunkanstalten stillen im Übrigen erhebliche Einnahmen aus Werbung und Verwertungsrechten von Tochterunternehmen der Rundfunkanstalten. Bisher exzessive Dimensionen erklomm auch deren Ausgabenseite. Hohe Vergütungen für das Personal und üppige Stellenpläne umschiffen Vergleiche mit der Staatsverwaltung, die als Maßstab zu wählen wäre. Diesen Vergleichsmaßstab lehnt man zwar bei Rundfunkanstalten, nicht minder bei anderen öffentlichen Unternehmen in Rechtsformen des öffentlichen Rechts (z. B. Universitätskliniken, Landesbanken und Sparkassen) oder privaten Rechts (z. B. Deutsche Bahn AG, Flughäfen und Stadtwerke), unter Hinweis auf die Nähe zu konkurrierenden Märkten und unternehmerischen Risiken ab. Dennoch wird aber auf die Zugehörigkeit de jure oder de facto zum öffentlichen Dienst bei Fragen der Versorgung (nach Beendigung der Tätigkeit) Wert gelegt.

Im Bereich der Kommunalwirtschaft hat die Gebührenpolitik Vorschub geleistet für die nicht abebbende Welle von Ausgliederungen aus der Verwaltung in Beteiligungsunternehmen. Wo immer man Erträge aufscheinen sieht, vertrauen vor allem größere Städte die Erfüllung öffentlicher Aufgaben öffentlich-rechtlichen (z. B. Eigenbetrieben, Anstalten, Zweckverbänden) und privatrechtlichen Gesellschaften an. Letztere gelten als besonders attraktiv, weil sie unternehmerisch freier handeln können. Es entstehen aus Liegenschaftsämtern Grundstückserschließungs- und Grundstücksverwertungs-GmbHs, aus Grünflächenämtern Citygrün-GmbHs, aus Regiebetrieben (früher kostenrechnende Organisationseinheiten genannt) für Straßenreinigung

City Cleaning-GmbHs, aus Dienst- oder Stabsstellen für Öffentlichkeitsarbeit City Marketing-GmbHs und aus Tourismus- und Wirtschaftsförderungsämtern ebenfalls rechtlich selbstständige Unternehmen. Botanische Gärten, Gemeindeforsten und Parkanlagen, Verkehrslandeplätze, Binnen- und Seehäfen, Frei- und Hallenbäder, Kongress-, Konzert- und Messehallen, Musik- und Volkshochschulen, Wohnungsunternehmen, Kindertagesstätten, Krankenhäuser, Alten- und Pflegeheime, Leihämter, Parkhäuser, Klärwerke, Abfallentsorgungsbetriebe werden formal privatisiert, d. h. in Gesellschaftsformen des privaten Rechts umgewandelt. Zurück bleiben öffentlich-rechtliche Kernverwaltungen. Dort und in den Gemeinderäten und Kreistagen nimmt man (infolge kommunaler Finanzschwäche häufig notgedrungen) das Äquivalenzprinzip für bare Münze. Wenngleich rein erwerbswirtschaftlich-fiskalische Betätigungen den Gemeinden untersagt sind, wird doch der Grundsatz beherzigt, „Dienstleistungen von allgemeinem wirtschaftlichen Interesse“ (um die umfassende EU-rechtliche Formulierung zu wählen statt des eher einschränkenden deutschen Wortes „Daseinsvorsorge“) zu Entgelten anzubieten, die den Empfängern zusagen und marktwirtschaftliche Bedingungen einhalten.

Auch der tradierte Gebrauch von „Benutzungsgebühren“ für die Inanspruchnahme der von kommunalen Unternehmen angebotenen Daseinsvorsorgeleistungen erweist sich als zu eng. „Nutzungsentgelte“ erfassen besser die Vielfalt der in Anspruch genommenen öffentlichen Dienstleistungen. Diese erfüllen einen übergeordneten Zweck und innerhalb dessen werden die Nutzungsentgelte erhoben, die unmittelbar oder mittelbar dem Gemeindehaushalt Einnahmen zuführen.

Die Verlagerung entgeltlicher Aufgaben aus der Kommunalverwaltung auf die Kommunalwirtschaft (hier als Teil der Staatswirtschaft interpretiert) macht vor den kommunalen Unternehmen selbst nicht halt. Namentlich große Versorgungs- und Verkehrsunternehmen, Krankenhäuser, Messegesellschaften und Wohnungsunternehmen gründen aus eigenen Beschaffungs-, Produktions-, Absatz- und Abrechnungseinheiten Tochterunternehmen (für die Trägergemeinde Enkelgesellschaften), die man in der Managementsprache als Performance Centers (bei Kommunalunternehmen weniger zutreffend als Profit Centers) titulieren kann.

Die Neue Staatswirtschaft macht sich den Ansatz des Outsourcing zunutze, aber nicht im Sinne materieller Privatisierung wie von Nobelpreisträger Ronald Coase (1910–2013) mit seiner Transaktionskostentheorie erdacht, sondern als organisatorische oder rechtliche Verselbstständigung im verbleibenden Eigentum eines kommunalen Unternehmens (sogenannte formale Privatisierung). Es behält seine eigenen Kernkompetenzen bei, verkürzt Hierarchien und vermeidet eventuell Kapazitätsengpässe, flexibilisiert die Aufgabenerledigung, ersetzt je nach Mutter-Tochter-Abrechnung fixe (beschäftigungsunabhängige) Kosten durch variable (beschäftigungsabhängige) Kosten und erhält unter Umständen eine bessere Kostentransparenz. Die Tochterunternehmung (z. B. eine Technik- und Dienstleistungs-GmbH eines Stadtwerkes) nutzt Versorgungsauftrag und Markenwert der Muttergesellschaft, ohne in größerem Umfang in die Wirtschaft einzugreifen. Falls damit doch ein – vermutlich vom örtlichen Handwerk kritisierter – Staatseingriff verbunden ist, wird er nach der Aufgabenverlagerung wohl nur geringfügig größer sein als zuvor.

Mit der auf Entgelterzielung bedachten Neuen Staatswirtschaft werden aus bisherigen Ämtern oder Regiebetrieben keine Renditeunternehmen. Solche gab es mehr aus historischen Gründen vornehmlich bei Bund und Ländern. Das industrielle Bundesvermögen im Geschäftsbereich des Bundesministers der Finanzen wurde nach und nach – auch durch Ausgabe von Volksaktien – privatisiert, d.h. von privaten Kapitalanlegern erworben. Andere unmittelbare und mittelbare Bundes- und Landesbeteiligungen in den Geschäftsbereichen einzelner Fachminister beim Bund und in den Ländern dienen staatlichen Aufgaben und zwar teils infrastruktur-, gesundheits-, kultur-, sozial-, verkehrs- und wirtschaftspolitischen Zwecken, teils der Erzielung von Haushaltseinnahmen (in stark begrenztem Umfang, sodass sich Investitionen aus Renditegesichtspunkten kaum lohnen). Paradebeispiele sind Bundes- und Landesunternehmen im Bereich der Energie-, Verkehrs-, Wohnungs-, Kredit- und Versicherungswirtschaft, von Landesentwicklung, Hochschulen, Forschung und Technologie, Rundfunk, Messen und Werbung, Galerien, Museen, Orchester, Theater und von Krankenhäusern.

Kapitel 2
Expansiver Markteintritt

Es lassen sich grundsätzlich zwei Strategien in der Neuen Staatswirtschaft unterscheiden. Die erste ist schon skizziert worden als Erfüllung öffentlicher Aufgaben mittels fiskalischer Preispolitik. Eng damit hängt die zweite Strategie zusammen, die staatliche oder kommunale Unternehmen nötigt, ihren Leistungsauftrag dual zu erfüllen: die betrieblichen Sachziele mit marktlicher Diversifikation zu verknüpfen, sodass den Finanzzielen größeres Gewicht zukommt.

In kulturellen Bereich sind davon in Deutschland beispielsweise (hunderte) Museen und Theater betroffen. Ihre originären Ziele und Aktivitäten, Bildung und Wissenschaft zu fördern, Publikum zu unterhalten, Künstlern und Autoren ein Podium zu bieten, Mitarbeiter auszubilden und zu beschäftigen, innovative Produkte und (Ausstellungs- und Bühnen-)Technik anschaulich zu präsentieren, werden vielerorts um derivative Ziele und Aktivitäten ergänzt. Das Leistungsprogramm dieser Kulturunternehmen weitet sich bei Beschaffungen aus, indem Kunstobjekte, Theaterproduktionen, Sachausstattung, Büro und Verbrauchsmaterial usw. mit „befreundeten Häusern" koordiniert und kostengünstiger eingekauft werden. Der Absatzmarkt dehnt sich aus, indem den Besuchern Komfort durch Cafeterias und Restaurants, Einkaufsmöglichkeiten in Museums- und Theaterläden geboten, Besichtigungen, Diskussionsrunden und Vermietungen eröffnet, neue Zielgruppen (z. B. Schüler, Senioren, Neubürger, Auswärtige) erschlossen, Besucherdienste (mit Bahnen und Bussen für Abonnenten und Einwohner im Umland) organisiert und Public Relations aufgebaut werden zu Medien, Nachbargemeinden, Sponsoren, Stiftungen und weiteren Stakeholdern.

Museen und Theater, die sich in der Vergangenheit wie Behörden gerierten und von Trägern finanziert wurden, erfahren jetzt, dass sie im Wettbewerb stehen mit sowohl anderen Museen und Theatern als auch anderen Veranstaltern, die ebenso Unterhaltung offerieren und das Zeit- und Ausgabenbudget der Menschen beanspruchen. Durchzusetzen ist das Veranstaltungsprogramm und konkurriert wird um Mittel der Träger und Zuschussgeber. Der Markteintritt bedeutet Konkurrenz unter anderem mit Film-, Konzert-, Sport- und weiteren Eventveranstaltern, mit Diskussionsforen, Vereinstreffen, anderen Konsumanreizen, Alltagsleben, Gottesdiensten usw.

Die regelmäßig ertragsschwachen Hauptprogramme werden von umsatzerlöserzielenden Nebenprogrammen flankiert. Der bedrohlich niedrige Kostendeckungsgrad – weniger als 20 Prozent bei Opernaufführungen und auch sonst bei künstlerischen Darbietungen allzu gering, prekär und poblembehaftet – lässt sich durch extern zufließende und intern verrechnete Ausgleiche signifikant erhöhen. Ein dauerhaftes Überleben (heutzutage als „nachhaltig" apostrophiert) eines Museums oder Theaters ist nur sicherzustellen, wenn seine gesamten Kosten „erwirtschaftet" werden. In der Praxis bedeutet das Mischfinanzierung aus staatlichen und/oder städtischen Zuschüssen (rühren meist von Steuereinnahmen und Stiftungsfördermitteln her), Umsatzerlösen und eigenen marginalen Zinserträgen (aus vorübergehend nicht benötigten Geldanlagen).

Doch was heißt Kostendeckung? Betriebswirtschaftlich betrachtet – und das ist für öffentliche wie private Unternehmen essenziell –, müssen Kosten geschätzt bzw. bewertet (Kostenplanung) und den tatsächlich eingetretenen Kosten (Istkosten) gegenübergestellt werden. Als Hauptposten sind Personal- und Materialaufwand sowie Abschreibungen zu berücksichtigen, die bei der Faktorbeschaffung, Produkterstellung und Leistungsabgabe (vulgo: bei Einkauf, Fertigung, Vertrieb und Verwaltung) entstehen. In die Entscheidungen über die Kostenhöhe ist darüber hinaus einzubeziehen, ob und inwieweit Kapitalkosten, Energiekosten, Kosten für die Inanspruchnahme und Kosten für die Zulassungs- und Nutzungsrechte zu kalkulieren sind. Kaum betrachtet werden indessen sogenannte externe Kosten, die betrieblich verursacht Natur vereinnahmen und sich auf Boden, Wasser, Luft und Raum auswirken.

Rechnung ist auch der Frage zu tragen, ob Abschreibungen zum Anschaffungs-, Tages- oder Wiederbeschaffungswert anzusetzen sind, was für Kapital- und Substanzerhaltung unterschiedliche Effekte auslöst. Für die Handels- und Steuerbilanz gilt das vom Gesetzgeber verankerte Prinzip der nominellen Kapitalerhaltung. Danach erfolgen Bewertungen grundsätzlich nach den

Anschaffungs- oder Herstellungskosten. Geld- und Sachwertschwankungen des Marktes bleiben insoweit außen vor. Das kann bei inflationistischen Preissteigerungen zu Scheingewinnen führen, die zudem noch besteuert werden. Im Unterschied zur nominellen Kapitalerhaltung sucht die reale Kapitalerhaltung das in Geldeinheiten ausgedrückte Ursprungskapital in Einheiten gleicher Kaufkraft zu erhalten (was mithilfe einer Indexierung gelingt). Für die Substanzerhaltung kommt es darauf an, nicht eine bestimmte Geldsumme, sondern die hinter den Geldbeträgen stehenden Gütermengen zu erhalten. Dies ist der Fall, wenn in einer Periode der mengenmäßige Endbestand der Vermögensgegenstände (des Anlage- und Umlaufvermögens) dem Anfangsbestand entspricht.

Den Regeln der Kostendeckung sind nach den Kommunalabgabengesetzen der Länder seit den 1990er-Jahren jene kommunalen Unternehmen unterworfen, die Benutzungsgebühren erheben. Sie haben die Kosten „nach den betriebswirtschaftlichen Grundsätzen für Kostenrechnungen“ zu erheben und: „Das veranschlagte Gebühren- und Beitragsaufkommen darf die voraussichtlichen Kosten der Einrichtung oder Anlage nicht überschreiten.“ Wirtschaftliche Unternehmen dürfen einen Überschuss für den Haushalt der kommunalen Gebietskörperschaft erwirtschaften; dies gilt nicht, soweit sie „Pflichtaufgaben der Selbstverwaltung erfüllen oder Anschluss- und Benutzungszwang besteht.“ (Nach §8 Abs. 1 KAG von Rheinland-Pfalz vom 20. Juni 1995 und gleich- oder ähnlich lautend in den KAGs der anderen Länder.) Mit diesen Formulierungen werden kalkulatorische Ermessensspielräume eingeräumt. Den betroffenen kommunalen (vorzugsweise Daseinsvorsorge-)Unternehmen werden Marktzutrittsmöglichkeiten nicht verwehrt.

Beim Eintritt von Zuschuss- und Kostendeckungsbetrieben in den Markt gilt es, das Gemeinnützigkeitsrecht zu beachten. Eigentlich für Vereine, Stiftungen und Körperschaften des öffentlichen Rechts geschaffen, kommen die mit Steuerbefreiung und Steuervergünstigungen verbundenen Vorteile vornehmlich der Freien Wohlfahrtspflege (also Arbeiterwohlfahrt, Caritas, Diakonie, Paritätischer Wohlfahrtsverband, Rotes Kreuz und Zentralwohlfahrtstelle der Juden in Deutschland) und den staatswirtschaftlichen Diffusionen zugute. Dies sei an einem exemplarischen Fall verdeutlicht.

Eine Landesuniversität, immerhin ein bedeutender staatlicher Zuschussbetrieb, errichtet allein oder mit einer Stiftung eine Business School in Form einer gemeinnützigen GmbH zur Weiterbildung von unternehmerischen Führungskräften. Soweit der Gesellschaftsvertrag und die tatsächliche Geschäftsführung selbstlos, ausschließlich und unmittelbar gemeinnützige Zwecke fördern, die in den Paragrafen 51 bis 68 Abgabenordnung festgelegt sind, wie beispielsweise „Wissenschaft und Forschung, Bildung und Erziehung, Kunst und Kultur“, kann das zuständige Finanzamt die Gemeinnützigkeit anerkennen. Damit erlangt die GmbH Steuerfreiheit bei der Körperschaft-, Gewerbe-, Grund-, Schenkung- und Erbschaftsteuer. Bei Umsätzen wird nur ein ermäßigter Steuersatz von derzeit 7 Prozent (ansonsten Regelsteuersatz von 19 Prozent) berechnet.

Gemeinnützigkeit bedeutet keineswegs Gewinnverzicht. Durch die unternehmerische Betätigung wird der

Grundsatz der Ausschließlichkeit so lange nicht verletzt, als die Tätigkeit nur ein Hilfsmittel ist, um die begünstigten Zwecke zu erreichen. Soweit Gewinne erzielt werden, sind sie hierfür zu verwenden.

Wesentlich ist für die Gemeinnützigkeit, dass Gewinne nicht ausgeschüttet werden dürfen. Dotiert eine Universität oder ein anderer öffentlicher oder privater Investor ein als gemeinnützig anerkanntes Unternehmen mit Kapital, kann er daraus keine Rendite beziehen. Was bei einer gemeinnützigen Unternehmung aber möglich ist: Sie kann von vornherein auf Gewinnerzielung verzichten und Aufwendungen im Rahmen der erwirtschafteten Erträge maximieren.

Die erwähnte Business School, ein gemeinnütziges Unternehmen der Staatswirtschaft, will beispielsweise eine qualifizierte Managementweiterbildung für Spitzenführungskräfte anbieten. Dann stellt sich bei entsprechender Reputation, Kommunikation und erfolgreicher Akkreditierung die Frage nach der „Studiengebühr", eigentlich nach dem Peis für die einsemestrige oder einjährige Studiendauer mit Präsenz- und Fernstudien in diversen Disziplinen, Methoden und Sprachen, die von erstklassigen Professoren und Praktikern in kleinen Gruppen betreut werden. Um diese Lehrbeauftragten zu gewinnen, sind hohe Vergütungen notwendig und gestattet (denn diese Personen zählen nicht zu den am Unternehmen beteiligten Gesellschaftern, Geschäftsführern oder Mitarbeitern, für die unverhältnismäßig hohe Vergütungen nicht erlaubt sind).

Bei dem angebotenen Lehrprogramm handelt es sich um ein Luxusgut. Luxusgüter zeichnet die sogenannte Anomalie der Preisabsatzfunktion aus: je höher der Angebotspreis, desto höher die erwartete Absatzmenge. Im Falle der Business School befördert also eine hohe Kursgebühr in Verbindung mit der Erwartung exklusiven Managementtrainings eine hohe Nachfrage. Für die staatswirtschaftliche Betätigung eine Win-win-Situation.

Erfüllt man die rechtlichen Voraussetzungen für die Gemeinnützigkeit mit Angeboten von normalen Leistungen (keine Luxusgüter!) zur Ergänzung der Daseinsvorsorge auf dem Markt, das heißt mit „Dienstleistungen von allgemeinem wirtschaftlichen Interesse" (im EU-Sprachgebrauch), zügelt der Wettbewerb eine etwaige beabsichtigte Aufwandsmaximierung. Die Steuerbefreiung bleibt erhalten. Eine Gewinnausschüttung ist untersagt. Das gemeinnützige Unternehmen strebt zur existenziellen Sicherung langfristig wohl (mischfinanzierte) Kostendeckung an.

Ist das staatswirtschaftliche Unternehmen nicht gemeinnützig tätig, sondern ein einem privatwirtschaftlichen Unternehmen vergleichbarer „Betrieb gewerblicher Art", kann der öffentlichen Hand, meinetwegen dem Bund, einem Land, einer Gemeinde oder einer untergliederten Trägerin (Anstalt, Körperschaft oder Stiftung öffentlichen Rechts) oder Gesellschafterin (AG, GmbH, Stiftung oder sonstigen Vereinigung privaten Rechts) ein Gewinn ausgeschüttet werden. Erste Voraussetzung für diese Betätigung ist aber, dass dem in Deutschland verankerten Subsidiaritätsprinzip genügt wird. Es stellt sich bei der Tätigkeit öffentlicher Unternehmen demnach die Frage, ob ein wichtiges öffentliches Interesse vorliegt und der Zweck nicht ebenso gut und wirtschaftlich durch einen privaten Dritten erfüllt wird oder erfüllt werden kann. Eine Antwort darauf steht oft im Ermessen des Unternehmenseigners und hängt von politischer Konstellation, vergleichbaren Sachverhalten und Notsituationen ab.

Ungeklärt ist, wenn ein am Markt tätiges öffentliches Unternehmen einen bisherigen Organisationsteil ausgliedert und als gewerbliche Tochtergesellschaft betreibt. Ökonomisch kann das zweckmäßig sein. Die Rechtsmäßigkeit wird unterstellt.

Halten wir die beiden grundsätzlichen Optionen für die Staatswirtschaft fest: Gründung respektive Führung einer gemeinnützigen oder einer gewerblichen Unternehmung. Beiden ist es möglich, am Markt nach Gewinnen zu streben. Der Staat (zusammengefasst für den oder die öffentlichen Eigentümer) stellt das Gründungskapital und sichert vertraglich Ertragszuschüsse oder Verlustübernahmen zu. Im Fall des „Betriebs gewerblicher Art" kann er zusätzlich Gewinnausschüttungen vertraglich vereinbaren.

Kapitel 3
Verbetriebswirtschaftlichung

Dieser auf öffentliche Verwaltungen bezogene Begriff wird kontrovers gebraucht. Von ökonomischer Seite ist er positiv konnotiert, während mancher Jurist mit diesem Wort eine Bedrohung verbindet. Begrüßt wird der Begriff, weil man sich davon erstens größere Wirtschaftlichkeit, zweitens mehr Effizienz im Sinne von mehr Leistungsfähigkeit und Zweckmäßigkeit sowie drittens ein effektiveres bzw. wirkungsvolleres Verhalten hinsichtlich der zu erreichenden Ziele verspricht. Speziell Staatsrechtler und Verwaltungsjuristen sorgen sich darum, dass mit der Verbetriebswirtschaftlichung in Behörden das rechtliche bzw. rechtmäßige Handeln leiden könnte. Diese Gefahr besteht indessen nicht.

Im Rahmen vorgegebenen Rechts wird versucht, ökonomische Erkenntnisse anzuwenden. Niemand kann bestreiten, dass rechtmäßige Entscheidungen vielfach nicht alternativlos sind. Anders gesagt: Rechtmäßigkeit schließt Wirtschaftlichkeit keineswegs aus. Im Zuge rechtmäßigen Agierens bieten sich wirtschaftliche Optionen an. Die eine Stadt fördert Industrie, Handel und Handwerk durch ein Wirtschaftsförderungsamt, die andere durch eine Wirtschaftsförderungs-GmbH. Einmal sind vielleicht Beamte, das andere Mal Angestellte tätig. Die handelnden Personen verfügen über unterschiedliche Kompetenzen. Manche haben Zeichnungsrecht, andere nicht. Manche entscheiden allein, andere im Team. Unterschiede bestehen auch bei der Budgetierung im Haushalts- oder Wirtschaftsplan der betroffenen Institution. Alles geschieht rechtmäßig (soweit nicht gegen Gesetze, Verordnungen, Satzungen, Verträge, Dienstanweisungen verstoßen wird).

Die Neue Staatswirtschaft erlebt in ihren administrativen und unternehmerischen Organisationseinheiten eine betriebswirtschaftliche Durchdringung, wobei sie in der Regel in der Ämterverwaltung auf größeren Nachholbedarf stößt als in öffentlichen Unternehmen, die ja oft aus (staats)wirtschaftlichem Anlass gegründet wurden. Außer betriebswirtschaftlicher Optimierung nehmen volkswirtschaftliche und ökologische Aspekte Fahrt auf und werden Zielsetzungen hinterfragt. (Diese drei Ansätze werden im Folgenden thematisiert.)

Zwar finden sich in mehreren Gesetzen Vorschriften über zu beachtende Grundsätze der Wirtschaftlichkeit. In Gesetzesentwürfen, genau genommen in den Vorblättern zu Gesetzesentwürfen, kommen vereinzelt Ziele und voraussichtliche (Folge-)Kosten des Gesetzes zur Sprache. Man hat sogar Präsidenten der Rechnungshöfe als „Beauftragte für Wirtschaftlichkeit in der Verwaltung" eingesetzt. Aber wenn – wie vielfach – das Instrumentarium dazu fehlt oder unterentwickelt ist, bleibt das Anliegen formal und plakativ.

Um in der Staatswirtschaft das Prinzip der Wirtschaftlichkeit durchzusetzen, muss man es kennen, inhaltlich definieren und methodisch (zielgerichtet und systematisch) anwenden. Häufiger Missverständnisse halber erscheint eine terminologische Klarstellung notwendig. Wirtschaftlichkeit ist grundsätzlich eine Beziehung zwischen Gütereinsatz und Güterausbringung. Güter sind Mittel zur Bedürfnisbefriedigung und umfassen Dienstleistungen, Geldleistungen, Sachgüter, Rechtsgüter usw. Wirtschaftlichkeit liegt vor, wenn das Einsatz-Ausbringungs-Verhältnis günstig ausfällt. Dabei lassen sich zwei Relationen unterscheiden. Erstens: Bei gegebenem Gütereinsatz soll die tatsächliche Güterausbringung die erwünschte mindestens erreichen oder bei bestimmter Güterausbringung soll der erforderliche Gütereinsatz den festgelegten nicht übersteigen (Wirtschaftlichkeit als Soll-Ist-Verhältnis). Zweitens: Bei gegebenem Gütereinsatz soll eine größtmögliche Güterausbringung oder (die Sparsamkeit als Unterfall der Wirtschaftlichkeit) eine bestimmte Güterausbringung soll mit geringstmöglichem Gütereinsatz verbunden sein (Wirtschaftlichkeit als Zweck-Mittel-Verhältnis). Das jeweils entsprechende Verhalten nennt man wirtschaftlich und im umgekehrten Fall unwirtschaftlich.

Davon zu unterscheiden ist das Begriffspaar wirtschaftlich und nichtwirtschaftlich, das sich auf Tätigkeitsgebiete bezieht, z. B. auf landwirtschaftliche, handwerkliche, industrielle oder verkehrswirtschaftliche Tätigkeiten einerseits, auf hoheitliche, kulturelle, gesundheitliche oder sportliche Tätigkeiten andererseits. Umgangssprachlich werden die Begriffe nichtwirtschaftlich und unwirtschaftlich gern synonym gebraucht, was fachsprachlich nicht akzeptabel ist. So sind z. B. Amtsgerichte, Hochschulen, Opernhäuser oder Sozialämter nichtwirtschaftlich tätig bzw. nehmen nichtwirtschaftliche Aufgaben wahr, unterliegen bei ihrer Tätigkeit aber gleichwohl dem Prinzip der Wirtschaftlichkeit und können und sollen ihre Aufgaben wirtschaftlich erfüllen. Missverständnisse lassen sich vermeiden, wenn man statt von nichtwirtschaftlich von außerwirtschaftlich oder metaökonomisch spricht.

Wirtschaftlichkeit ist auch nicht gleichbedeutend mit Rentabilität. Sie stellt das Verhältnis von eingesetztem Kapital und daraus bezogener Rendite dar, meist angegeben in einer Prozentzahl. Schlägt man die mit dem Kapitaleinsatz erzielte Rendite dem Kapitaleinsatz zu, erhält man eine entsprechend erhöhte Kapitalausbringung. Insoweit hat man sich dann auch wirtschaftlich verhalten, also wirtschaftlich und rentabel gearbeitet.

Wirtschaftlichkeit nachzuweisen und zu verbessern geschieht durch die Königsdisziplin der Betriebswirtschaftslehre: die Kostenrechnung. Richtig angewandt informiert sie darüber, welche Kosten wo und wofür anfallen. Weiß man, was der Vollzug einer öffentlichen Aufgabe kostet, lassen sich wirtschaftlichere Alternativen überdenken. Dabei reichen oft schon überschlägige Angaben aus, die richtungweisend für Veränderungen sein können.

Die Kosten eines Arbeitsplatzes, um ein Beispiel aus der Verwaltung zu wählen, setzen sich in erster Linie aus Personalkosten, Sachkosten des Arbeitsplatzes und Gemeinkosten zusammen. Kosten muss man von Ausgaben unterscheiden. Personalkosten sind weiter zu fassen, weil sie die Kosten sowohl während der aktiven Dienstzeit der Beamten und Angestellten (Arbeiter bleiben wegen ihrer geringen quantitativen Bedeutung außen vor) als auch während der Versorgungszeit der Beamten beinhalten (nicht der Angestellten, die Sozialversicherungsbeiträge leisten und von dort im Ruhestand Versicherungsleistungen beziehen). Überhaupt werden Personalkosten beeinflusst von Verwaltungszweig und Karrierestufen, Beförderungen, kw-Stellen (künftig wegfallend), (dauerhafte) Versetzungen, (befristete) Abordnungen und Entlassungen (mit zeitlich verschobener Wiederbesetzung), Besoldung und Vergütung einschließlich Beihilfen, Zulagen und Sonderzuwendungen (z.B. Fahrtkostenzuschüsse und Trennungsgeld), Alter und Familienstand. Im Weiteren zählen auch Kosten für Dienstkleidung, Fahrzeuge, Reisen, Fortbildung und Umzüge zu den Personalkosten. Hier wird man keine Einzelfallberechnungen tatsächlicher Ist-Kosten bzw. keine Einzelfallprognoserechnungen mit wahrscheinlich erwarteten Kostenansätzen durchführen. Es empfehlen sich Durchschnittstypenbildungen für Amtsinhaber.

Auf die oft gestellte Frage, ob Beamte oder Angestellte im öffentlichen Dienst kostengünstiger sind, dürfte nach einer Vielzahl von Untersuchungen die generelle Antwort lauten: Während der aktiven Dienstzeit kosten Angestellte (besonders wegen der von öffentlichen Arbeitgebern zu zahlenden Anteile zur gesetzlichen Kranken-, Pflege- und Rentenversicherung), nämlich gut fünf Prozent, mehr als Beamte. Nimmt man die Versorgungszeit dazu, ist es umgekehrt, sind also Beamte teurer als Angestellte. Unberücksichtigt bleiben dabei Art, Menge und Güte der Leistungsseite, sodass erst dann etwas über die Wirtschaftlichkeit des Verwaltungshandelns ausgesagt werden kann. Aber auch hier empfiehlt sich, zunächst schlichte und wiederkehrende Verwaltungsakte, auf kommunaler Ebene wie die Ausstellung von Personalausweisen, Reisepässen, Kfz-Führerscheinen oder Fischereischeinen, die Bearbeitung von Meldungen im Einwohner- und im Standesamt oder die Genehmigung von Marktständen, Öffnungszeiten oder Sondernutzungsrechten von Cafés auf Bürgersteigen, einer Prüfung der Wirtschaftlichkeit zu unterziehen.

Kompliziert wird es mit Leistungen, die der Staat erstellt. In den Vorblättern von Gesetzesentwürfen heißt eine Rubrik „Kosten". Oft liest man dort: „keine". Eine solche Aussage ist stets falsch. Vielleicht sind durch das Gesetz voraussichtlich zu erwartende „Mehrausgaben" gemeint. Denn Kosten entstehen immer, wenn Leistungen erbracht werden. Staatliche Aufsichtsmaßnahmen, Beratungsdienste, Statistikerhebungen, Amtshilfen, Kooperationen, Aufforderungen, Bewilligungen, Genehmigungen, Ablehnungen, Zuweisungen usw. muss man möglichst standardisieren und in Beziehung zu den Gesamtkosten der Dienstleistungserstellung setzen, um eine Wirtschaftlichkeitsaussage treffen zu können.

Außer den Personalkosten sind die Sachkosten des Arbeitsplatzes ein zweiter Teil der Gesamtkosten. Als Sachkosten kommen anteilige Gebäudekosten, Kosten der Ausstattung und des Verbrauchsmaterials, Portokosten und Kosten für informationstechnische Nutzung sowie Reinigungs- und Hausmeisterkosten hinzu. Zur Vereinfachung wird man mit Pauschalen rechnen, die in unterschiedlicher Höhe an die Personalkosten der vier Laufbahngruppen (einfacher, mittlerer, gehobener und höherer Dienst) und an die Dienstzweige (u.a.

technischer Verwaltungsdienst, sprach- und kulturwissenschaftlicher Dienst, naturwissenschaftlicher Dienst, ärztlicher und gesundheitswissenschaftlicher Dienst) bei Beamten anknüpfen. Bei tarifbeschäftigten Angestellten können die Entgeltgruppen, die sich nach tarifvertraglich festgelegten Kriterien ergeben, herangezogen werden.

Andere Indikatoren bieten sich beim Ansatz anderer Kosten an. Tut man sich schwer mit einem prozentualen Abschreibungsanteil am Gebäude für Diensträume, setzt man fiktive Mieten an, die man dem örtlichen Mietspiegel entnimmt. Für Möblierung, Bilder, technische Anlagen helfen unter Umständen Angaben aus Hausratversicherungen. Wie gesagt, für Wirtschaftlichkeitsanalysen reicht es aus, wenn durchschnittliche (typische, repräsentative) Zuschläge ermittelt und den Kosten zugerechnet werden. Denn auch den Leistungen sind schwer zu quantifizierende Qualitäten zu eigen. Man denke nur an Ermessensentscheidungen und Verwaltungsakte, die gerichtsfest sein müssen.

Den dritten Teil der Gesamtkosten der Leistungserstellung bilden die Gemeinkosten. Im Unterschied zu den den Dienstposten ursächlich zuzurechnenden Einzelkosten gibt es zwei Arten von Gemeinkosten, die sich einer Zurechnung entziehen und deshalb mittels Zuschlagsätzen zu verteilen sind (und hier einen Namen erhalten): amtsinterne Gemeinkosten und systembezogene Gemeinkosten. Unter Amts-Overhead werden die amtsinternen Kosten für Amtsleitung, Abteilungsleitung, amtsinterne Schreibdienste, eventuell auch nicht zurechenbare Heiz- und Energiekosten, subsumiert. Zu systembezogenen Gemeinkosten zählen Kosten politischer Gremien und der Ministerialbürokratie für Planung und Steuerung der von Ämtern respektive deren Abteilungen wahrzunehmenden Aufgaben, Kosten der Personal- und Betriebsräte, Kosten behördlicher Aufsicht und Überwachungskosten von Rechnungshöfen und Rechnungsprüfungsämtern. Zugegeben, diese übergreifenden Gemeinkosten lassen sich nur vage abschätzen (wie man das bei global agierenden Konzernen längst kennt). In der Kalkulation werden deshalb der Arbeits- und der Zeitaufwand für wenig exakte Schätzungen gescheut. (Man begnügt sich mit Zuschlagsätzen für systemaffine Gemeinkosten von 10 Prozent zu den Personalkosten und zwischen 10 bis 40 Prozent bei den amtsinternen Gemeinkosten.)

Für die Berechnungen von Kosten und Leistungen öffentlicher Verwaltungen und Unternehmungen eröffnen oft Vergleiche Anhaltspunkte. Die Betriebswirtschaftslehre stellt ein umfangreiches Instrumentarium zur Verfügung. Innerbetriebliche Verfahrensvergleiche informieren über Vor- und Nachteile z. B. von manueller, maschineller und elektronischer Leistungserstellung. Zeitvergleiche in einzelnen Organisationseinheiten können helfen, Kosten, Kapazitätsauslastung und Arbeitsbelastung im jährlichen, quartalsmäßigen, saisonalen, monatlichen, wöchentlichen und täglichen Zeitverlauf zu ermitteln.

Bei Betriebsvergleichen werden die Kennzahlen eines behördlichen oder unternehmerischen Dienstleistungsbetriebs mit denen eines vergleichbaren Betriebs (z. B. desselben Verwaltungsdienstes oder Wirtschaftszweiges, mit unterschiedlicher – je nach Bundesland spezifischer – Struktur und Organisationsgröße) verglichen. Leistungsvergleiche zwischen Verwaltungen, analog zwischen öffentlichen Unternehmen, offenbaren organisatorische Stärken und Schwächen und stimulieren Lern- und Verbesserungsprozesse. Richtwertvergleiche dienen dazu, mehrere Betriebe miteinander zu vergleichen, um den Durchschnitt und die eigene über- und unterdurchschnittliche Position herauszufinden. Bei der Methode des Benchmarking misst man eine Verwaltung oder Unternehmung an anderen und will den „Best in Class"-Betrieb identifizieren und dessen „Best Practices" auf die anderen Wirtschaftseinheiten übertragen.

Die Anwendung dieser Vergleichsmethoden erfordert intime staatswirtschaftliche Kenntnisse einerseits, eine kritische Einstellung zur Simplifikation durch Reduktion von Komplexität andererseits. Indikatoren können sich als Ersatzgrößen dort empfehlen, wo Messen und Bewerten entweder schwierig oder zu aufwändig sind. Doch ist Vorsicht geboten! Bei einer geringen Fluktuationsrate darf zum Beispiel nicht zwangsläufig auf Arbeitszufriedenheit der Mitarbeiter geschlossen werden, denn die Rate kann vom angespannten örtlichen Arbeitsmarkt beeinflusst sein.

Neben Kennzahlenanalysen und Indikatorenmethoden bestehen ausführliche statische (d.h. das Zeitmoment ausklammernde), dynamische (d.h. verschiedene Zeitpunkte einbeziehende), optimierende und prognostizierende Rechenverfahren. Anwenden lassen sie sich für die betrieblichen Funktionen Beschaffung, Transport, Lagerhaltung, Leistungserstellung und Leistungsabgabe, Letztere bei Unternehmen besser Leistungsverwertung genannt.

Dem wirtschaftlichen Beschaffen von Dienstleistungen und Sachgütern stellen sich drei grundlegende Fragen: Sollen sie gekauft oder gemietet/geleast werden? Wie hoch ist die optimale Bestellmenge? Lohnt sich eine Mischung aus beidem? In Anbetracht des riesigen Beschaffungsvolumens des öffentlichen Sektors im zivilen und militärischen Bereich sind fundierte Antworten unerlässlich. Betriebswirtschaftliches Rechnen kann dazu nur partiell beitragen. Ebenso bedarf es vielfach technischer, medizinischer und/oder ökologischer Prüfungen und nicht zuletzt, eher anfangs, politischer Einschätzungen. (Doch werden diese Anforderungen dann weniger unter Wirtschaftlichkeitsaspekten bewertet, sondern geben Auskunft über effizientes Handeln, worüber noch berichtet wird.)

Auch bei Problemstellungen des Transports kann die Betriebswirtschaftslehre Lösungen beisteuern. Wie wirtschaftlich arbeiten Dienstfahrzeuge und Fuhrbereitschaften bei der Beförderung von Personen, Büchern, Archivalien, Akten, Medikamenten und anderen Sachen? Wo liegt der optimale Standort von Dienststellen, Bürgerbüros, Schulen usw.? Wie errechnet man minimale Wegekosten und Zeitaufwendungen? Lassen sich Dienstreisen und Umzüge wirtschaftlicher gestalten? Gibt es Einsparpotenziale beim öffentlichen Personennahverkehr?

Lagerhaltung in der Staatswirtschaft ist von doppeltem Interesse: Zum einen für den eigenen Bürobedarf an Anlage-, Gebrauchs- und Verbrauchsgütern und Handelswaren, wofür diverse Methoden entwickelt wurden, zum anderen für alltäglichen und risikobehafteten Fremdbedarf, seien es Verkehrsschilder, Straßenmöblierung, Pflanzen- oder Medikamentenvorräte, Mittel für Winterdienst und Katastrophenschutz, militärische Reserven usw.

Wie bei der Fertigung in der Industrie und der Herstellung im Handwerk stellt sich bei der staatswirtschaftlichen Leistungserstellung in öffentlichen Verwaltungen und öffentlichen Unternehmen die fundamentale Frage nach einer Eigen- oder einer Fremderstellung. Die Antwort variiert je nach Zeit und Ort. Als Gründe für die eine oder andere Wahlmöglichkeit werden genannt: Arbeitsteilung, Spezialisierung, technischer Fortschritt, Flexibilisierung, Kernkompetenzen, Verschlankung, Kostenaspekte sowie ideologische oder politische Vorgaben. Was die Kosten anbelangt, interessieren besonders die Folgen für (von der Ausbringungsmenge unabhängige) Fixkosten, Transaktionskosten, Kapazitätsausnutzung, Größenvorteile (engl. *economies of scale*) und Transportkosten.

Vom betriebswirtschaftlichen Standpunkt aus ist die Leistungsabgabe bzw. Leistungsverwertung mit Öffentlichkeitsarbeit, Public Relations zu Zielgruppen bzw. Stakeholders und mit Marketing für die Leistungsangebote verknüpft. Erreichen die Maßnahmen die Bürger und Kunden? Welche „Vertriebskanäle" sind erfolgreich: Bekanntmachungen, Anzeigen, Plakate, Publikationen, Pressegespräche, Medienkonferenzen, Online-Informationen? Die Neue Staatswirtschaft entdeckt zunehmend die Bedeutung marketinggestützter Information und Kommunikation. Fahnen, Hymnen und Wahlpakete reichen für die Selbstdarstellung des Staates höchstens emotional aus. Bürger wollen mehr wissen. Was kosten Kampagnen und wie lässt sich ihr Werbeerfolg, genauer: Wie lassen sich Mengen, Qualitäten und Wirkungen messen?

Mit derlei Mammutaufgaben im „Vertriebsbereich" und in allen anderen Funktionsbereichen ist das Controlling befasst. Es hat sich als betriebswirtschaftlicher Türöffner überraschend schnell in öffentlichen Verwaltungen und öffentlichen Unternehmen etabliert. Controlling ist ein Führungsinstrument zur Unterstützung der Behörden- und Firmenleitung. Das Wort wird gern fehlgedeutet und im Sinne von Kontrolle interpretiert. Im Unterschied zu Fachbegriffen der Business Language wie beispielsweise Accounting (= Rechnungslegung), Assets (= Vermögen), Benefit (= Nutzen), Branch (= Niederlassung), Decision Making (= Willensbildung), Feedback (= Rückkopplung), Flat Fee (= pauschales Entgelt), Human Resource Management (= Personalführung, -steuerung, -wirtschaft) und Value for Money (Preis-Leistungs-Verhältnis) ist der Terminus „Controlling" deutschsprachigen Ursprungs, wird im Übrigen exportiert und weltweit genutzt. Er umfasst das Beschaffen, Auswerten und Bereitstellen ziel- und zukunftbezogener Informationen. Seinen „Siegeszug" verdankt Controlling den komplexen (behördlichen und betrieblichen) Aufgabenstellungen und schwierigen Entscheidungssituationen, die mit hohem Koordinationsaufwand verbunden sind. Es beinhaltet kritisches Hinterfragen von Zielsetzungen und Zukunftschancen bzw. -risiken, sucht nach Stärken bzw. Schwächen und hilft Entscheidungen zu fundieren. Dabei werden auch vergangene *facts and figures* herangezogen und insoweit kontrolliert – stets aber mit Blick auf künftige Erfordernisse.

Die Neue Staatswirtschaft profitiert von Controlling dadurch, dass es Planungen überwacht, Abweichungen und Ursachen meldet und Kurskorrekturen empfiehlt. Widersprüche in Budgets werden aufgedeckt, Kalkulationen von Aufträgen, Verlegungen von Bürostandorten, Staatsbeteiligungen, Kundenzufriedenheit, Umweltverträglichkeit von Maßnahmen geprüft.

Den beliebten Praxisfall der Ausgliederung von öffentlichen Aufgaben aus der Administration und ihrer organisatorischen Verselbstständigung begleitet ein Controller beispielsweise folgendermaßen: Ausgangspunkt ist, dass die Leistungserstellung in eigener Regie mit eigenem Personal erfolgt. Statt eigenen Mitarbeitern können unter anderem für Schreibarbeiten, Rechtsberatung, Begutachtungen, Reorganisationen, Reinigungsdienste, Geräte- und Fahrzeugwartung, Kantinenbetrieb, Sicherheitsdienste und Hausmeistertätigkeiten fremde (freiberufliche oder handwerkliche) Firmen herangezogen werden. Denkbar und prüfenswert ist, ob und inwieweit im eigenen Haus z. B. Catering, Logistik oder Wäscherei mit fremdem Personal in Fremdregie erledigt werden soll. Man kann auch eine 100-prozentige Tochtergesellschaft als Dienstleistungs- oder Werkstättenunternehmen gründen oder sich an einer öffentlichen oder privaten, gemeinnützigen oder gewerblichen Gesellschaft (mit welchem Anteil?) beteiligen. Vollständige Fremderstellung liegt vor, wenn auf eigene Betätigung oder Mitwirkung verzichtet wird und die Leistungen durch Dritte erbracht werden. Sind die Maßnahmen politisch abgesegnet, rechtens und konzipiert, muss der Controller „gegen den Strich bürsten", Argumente für und wider bewerten, jeweilige Kosten und Nutzen gegenüberstellen und das Projekt bestätigen, mit Einschränkungen versehen oder (aus seiner Warte) empfehlen, es zurückzuziehen.

Mit dem Hinweis auf den Nutzen von Leistungen gleitet man von der engeren Wirtschaftlichkeitsanalyse zur erweiterten Effizienzanalyse über. Die betriebliche Kostenrechnung mit Kostenarten, Kostenstellen und Kostenträgern, letztere identisch mit den Leistungen, wird um positive und negative externe Effekte ergänzt. Diese günstigen oder schädlichen Wirkungen für Menschen, Gesellschaft und/oder Natur heißen extern, weil sie sich außerhalb von Marktvorgängen abspielen. Pflanzt beispielsweise die Gemeinde oder das Stadtwerk Bäume, verbessert sich dadurch die Luft und erhöht sich die Attraktivität der Kommune. Werden Straßenbauarbeiten durchgeführt, resultieren daraus Lärm, Umwege und/oder Einbußen bei Geschäftsläden.

Zur Wirtschaftlichkeit tritt die Wirksamkeit. In § 7 Absatz 2 Satz 1 Bundeshaushaltsordnung heißt es: „Für alle finanzwirksamen Maßnahmen sind angemessene Wirtschaftlichkeitsuntersuchungen durchzuführen." Unter Kosten fallen sowohl die betrieblichen Kosten bzw. der Ressourceneinsatz (in Geldeinheiten: Wertverzehr) bei der Durchführung der Maßnahmen als auch die externen Kosten, lies: Belastungen, bei Dritten und in der Umwelt. Zum Verhältnis von Input an Produktionsfaktoren zum Output in Form von Leistungen bzw. Maßnahmen kommen noch die positiven und negativen Auswirkungen (engl. *outcome*) und Einwirkungen (engl. *impact*) hinzu. In den Diskussionen über Umweltschutz und Nachhaltigkeit werden insbesondere betrieblich veranlasste Schadstofffreisetzung (Emission) und Gesundheitsbelastung (Immission) thematisiert. Eine nachhaltige Entwicklung wird dadurch erreicht, dass man die Natur nur im Rahmen ihrer Erneuerungsfähigkeit nutzt, Schadstoffe so beschränkt, dass die Umwelt sie absorbieren kann, technische Risiken nur übernimmt, wenn sie kalkulierbar und versicherbar sind, und man natürliche Ressourcen sparsam verbraucht.

Ausgehend von den skizzierten betrieblichen Funktionen schließen Effizienzanalysen die folgenden Wirkungen ein. Eine umweltbewusste Beschaffung trifft Vorkehrungen bei Lieferanten, die auf Schadstoffgehalt, Lebensdauer, Kennzeichnungspflicht, Umwelthaftung, umweltverträgliche Entsorgung samt Rücknahmeverpflichtung zu achten haben. Just-in-time-Lieferungen und Gefahrguttransporte sind umweltfreundlich durchzuführen, was vor allem Energieverbrauch, Verkehrslärm, Staus, Unfallgefahren und Zeitaufwand anbelangen. Bei der Lagerhaltung ist nicht nur an die Minimierung der Kosten für Bestände, Räume, Behandlung und Verwaltung von Lagergut (Akten, Archivalien, Roh-, Hilfs- und Betriebsstoffe) zu denken. Umweltbewusste Lagerung berücksichtigt das Gefährdungspotenzial für Natur und Menschen durch Brände, Strahlungen, belasteten Abfall und sonstige Ungüter. Die Leistungserstellung geschieht umweltbewusst durch Umweltschutz im Büro, seien es schadstofffreie Kopiergeräte, mehrfach nutzbare Büromaterialien, Recyclingpapier, Verringerung von Elektronikschrott (aufgrund von Rücknahmepflichten und Verwertung), Energiesparlampen, solarbetriebene Rechner usw. In produzierenden Unternehmen wird die Umwelt beispielsweise durch Kraft-Wärme-Kopplung und geschlossene Systeme geschützt. In ihnen lassen sich sekundäre Rohstoffe gewinnen, indem man betriebsinterne und äußere Kreisläufe einrichtet. Ökomarketing betont etwa beim Straßenverkehr mit Bahnen und Bussen Ressourcenschonung, Belastungsminderung bei Lärm und Luft, Unfallsicherheit und Zeitersparnisse.

Schließlich wird mit der Verbetriebswirtschaftlichung noch ein dritter ökonomischer Anstoß ausgelöst. Eigentlich bildet er den Anfang für Wirtschaftlichkeit und Effizienz. Es handelt sich um die Effektivität der administrativen und unternehmerischen Betätigung, also um Ziele und Zielerreichungsgrade. Unbestritten ist, dass öffentliche Institutionen und Amtswalter sich rechtsstaatlich, rechtmäßig und gerecht, aber auch besonnen, beharrlich und standfest verhalten sollen. Von ihnen wird auch Gemeinsinn, Verantwortungsbewusstsein und Verlässlichkeit gefordert, nicht zuletzt erwartet man Tat- und Schaffenskraft.

Effektivität im betriebswirtschaftlichen Sinn ist das möglichst numerisch anzugebende Erreichen von Formal- und Sachzielen. An Formal- oder Finanzziele muss sich jedes Wirtschaftssubjekt in einer Geldwirtschaft halten, nämlich mindestens an Kostendeckung oder Rentabilität, an Liquidität (Wahrung der Zahlungsfähigkeit) und Sekurität (Schutz vor Anlageverlusten und Überschuldung). Im Gegensatz zu kommerziellen Unternehmen der Privatwirtschaft dominieren in den Verwaltungen und Unternehmen der Staatswirtschaft Sach- bzw. Leistungsziele. Sie unterscheiden sich je nach zu erfüllendem Auftrag. In einem Landwirtschaftsministerium sind sie anders als in einem Universitätsklinikum, einem städtischen Kulturamt oder einer Kita.

Abgesehen von spezifischen Sachzielen einzelner Institutionen findet sich eine Reihe von Sachzielen, denen alle mehr oder weniger folgen. Behält man die Triade der Formalziele bei, lassen sich wirtschaftliche, gesellschaftliche und ökologische Sachziele feststellen. Erstere können in Kundenorientierung, Leistungs- und Wettbewerbsfähigkeit, die gesellschaftlichen Sachziele in vorbildliches Handeln, soziale Verantwortung und Mitarbeiterzufriedenheit und die ökologischen Sachziele in Ressourcenschonung, Schadstoffvermeidung und Entsorgungssicherheit unterteilt werden. Jedes dieser Ziele kann Subziele aufweisen.

Die zwischen den Zielen existierenden Zielbeziehungen konkurrieren miteinander oder ergänzen sich oder sind indifferent. Den Zielsystemen, das heißt der Zielstruktur und den Zielinterdependenzen, hat man in der Vergangenheit zu wenig Aufmerksamkeit geschenkt. Man begnügte sich im Rahmen gegebenen Rechts z. B. in der Wirtschaftspolitik traditionell mit Wettbewerbs-, Stabilitäts-, Verteilungs- und Außenwirtschaftspolitik. Vereinzelt ergänzte man sie um Bildungs- und Umweltpolitik. Vernachlässigt wurde regelmäßig die Umsetzung in den wirtschaftspolitischen Instanzen.

Generell gesagt bedarf es politischer Vorgaben, ihrer Konkretisierung in Form von Leistungsaufträgen, die in institutionelle Sach- und Formalziele, genauer: in institutionelle Zielsysteme, münden, die es dann zu erreichen gilt. Der Betriebswirt widmet sich dabei den Indikatoren, Messmethoden, Messskalen, Mengen, Qualitäten und Wertansätzen. So gesehen ist diese Art von Verbetriebswirtschaftlichung in der Staatswirtschaft überfällig, vor allem in öffentlichen Verwaltungen, wo formalrechtliche Verhaltensweisen herrschen (z. B. in Finanz-, Polizei-, Ordnungs- und Sozialämtern).

Anstelle staatswirtschaftlicher Betätigung in eigenen Institutionen können insbesondere in bedrohlichen Grenzsituationen auch fremde Kräfte eingeschaltet werden. Exemplarisch seien genannt die zwangsweise Sicherstellung von Fahrzeugen zur Gefahrenabwehr, die Beschaffung von Schutzmasken bei Seuchen von Autofirmen (wie jüngst in der Corona-Krise), die Einschaltung von Luftfahrtgesellschaften bei Rückholaktionen von im Ausland gestrandeten Deutschen (wie ebenfalls jüngst) oder die Pflicht von Raffinerien zur Erdölbevorratung, um Versorgungsengpässen zu entgehen. Die Staatswirtschaft macht sich dabei bestehende Kapazitäten und vorhandenes betriebs- und volkswirtschaftliches Know-how zunutze. Insoweit lassen sich Dienstleistungen und Sachgüter entweder über den Markt vertraglich oder gesetzlich mit Zwang beschaffen, transportieren, lagern, erstellen und ab- bzw. einsetzen. Selbst im Notstand und bei Katastrophen können beide Varianten zielführend bzw. effektiv sein.

Kapitel 4
Doppik statt Kameralistik

Mein verehrter Lehrer Ludwig Mülhaupt, seinerzeit an der Universität Münster, begann einen Beitrag über Kameralistik (im Verwaltungslexikon, 3. Auflage, Baden-Baden 2003, auf Seite 537) mit folgenden aufschlussreichen Worten: „Unter K. [Kameralistik] versteht man den Rechnungsstil der öffentlichen Verwaltung und der ihr angeschlossenen Anstalten, Einrichtungen und Betriebe. Wegen der unterschiedlichen Zielsetzung dieser wirtschaftenden Einheiten ist der Kameralstil vielseitiger und komplizierter als die kaufmännische Buchführung. Er wurde in Österreich […] 1762 […] entwickelt, von dort auf die süddeutschen Länder übertragen […]. Mit der im 19. Jh. einsetzenden Wandlung des öffentlichen Vermögens vom Erwerbs- zum Leistungsvermögen, das laufend Zuschüsse erfordert, wandelten sich auch die Aufgaben des öffentlichen Haushalts- und Rechnungswesens […].“

In der klassischen Kameralistik (wie eingangs erwähnt von lat. *camera*, der Schatzkammer des Staates, die es zu füllen galt) stellt man in einem einzigen Konto den Einnahmen die Ausgaben gegenüber, jeweils untergliedert in den Spalten „laufendes Soll“, „Ist“ und „Rest“.

Die Sollstellung im kameralistischen Konto besagt, dass erst die Annahme oder die Zahlung angeordnet sein muss, bevor die Ein- bzw. Auszahlung erfolgen darf. Die kaufmännische doppelte Buchführung (Doppik) sieht getrennte Konten vor. Die Sollstellung einer Einnahme wird in der Doppik als Belastung eines debitorischen Kontos (Forderungen), die Sollstellung einer Ausgabe als Gutschrift auf einem kreditorischen Konto (Verbindlichkeiten) verbucht. So gesehen ermöglichen Kameralistik und Doppik die Unterscheidung zwischen der (abgegebenen bzw. empfangenen) Leistung (z.B. einer erteilten Genehmigung bzw. eines aufgenommenen Darlehens) und der tatsächlichen Zahlung (im Beispiel die Begleichung der Leistung bzw. die Darlehenstilgung). Durch geeignete Ist-Buchungen können selbst in der Kameralistik Bestandskorrekturen wie Abschreibungen und weitere Wertberichtigungen durchgeführt werden.

Dennoch befindet sich der Kameralstil auf dem Rückzug. Auch seine Anpassung an Erwerbsbetriebe der öffentlichen Hand (z.B. kommunale Versorgungs- und Verkehrsunternehmen) mit einer aus dem kameralistischen Rechenwerk abgeleiteten Erfolgsrechnung und Bilanz (sogenannte Betriebskameralistik) sowie die für sogenannte Gebührenhaushalte (z.B. Abfallentsorgung und Abwasserreinigung) entwickelte Kostenrechnung (sogenannte Erweiterte Kameralistik) halten die Hinwendung zur Doppik nicht auf. Für sie spricht – wie erwähnt – die einfachere Handhabung, vor allem aber inhaltlich das System der doppelten Verbuchung jedes Vorgangs (doppisch: Fahrzeugkauf erhöht Kfz-Bestand und vermindert Bankguthaben, kameralistisch:

nur unter Ausgaben für Fahrzeugkauf) und die Verbindung zwischen Bestandsrechnung in Form der Bilanz als Gegenüberstellung von Vermögen(sgütern) und Kapital(rechten) und der Strom- bzw. Flussrechnung in Form der Erfolgsrechnung als Gegenüberstellung von Aufwendungen und Erträgen. Attraktiv ist in der Doppik, dass sie sich nicht mit Zahlungsströmen und ihrer Deckung begnügt, sondern den Periodenerfolg zu ermitteln sucht. Einen wichtigen Part spielt dabei die angekoppelte interne Betriebsbuchhaltung, mit deren Hilfe man die Kosten der zu erstellenden oder erstellten Leistungen zu kalkulieren vermag.

Die Doppik spiegelt das moderne Merkmal der Staatswirtschaft wider, durch Dienstleistungsbetriebe tätig zu werden und Rechnung zu legen. Diente die Kameralistik der gegenwartsbezogenen und innengesteuerten Verfahrensweise, betont die Doppik den Zukunftsaspekt und den Nachweis wirtschaftlichen Handelns. Abschreibungen sorgen für Substanzerhaltung, Forderungen zeigen noch unerledigte Ansprüche, Verbindlichkeiten finanzielle Belastungen und Rückstellungen berücksichtigen künftige, auch risikobehaftete Verpflichtungen.

Die Verbreitung der Doppik hängt auch mit zwei weltweiten Entwicklungen zusammen. Erstens: Mehrere prowirtschaftlich eingestellte Staaten – zuvörderst die Niederlande, Neuseeland, Australien, Kanada, USA und die Schweiz – waren im ausgehenden 20. Jahrhundert ihre großen Staatsapparate leid und präferierten den schlanken und effizienten Staat (angelsächsisch: *lean and efficient government*), indem sie New Public Management einführten. Dieser Ansatz will mit betriebs- und marktwirtschaftlichen Instrumenten gegen Bürokratismus und Staatsversagen ankämpfen. In Deutschland hatte schon in den 1970/80er-Jahren die Öffentliche Betriebswirtschaftslehre (engl. als *Public and Nonprofit Management* bezeichnet) Fuß gefasst und Vorschläge zur Reform der Haushaltswirtschaft, Behördenorganisation und Personalführung unterbreitet.

Der durch Rechtsstrukturen, Prozessnormen, Föderalismus und Berufsbeamtentum geprägte Staat in Deutschland führte zunächst Aufgaben- und Gebietsreformen (synonym: Funktional- und Territorialreformen) durch und nahm die als antiquiert eingestufte Haushaltsplanung und Rechnungslegung der Gemeinden und nach und nach der Länder ins Visier. Parallel dazu wurden – wie weiter oben beschrieben – wirtschaftlich orientierte Aufgabenbereiche in rechtlich verselbstständigte Gesellschaften ausgegliedert und als Nettobetriebe geführt. Diese erscheinen mittels Gewinnablieferungs- und Verlustübernahmeverträgen nur mit dem (positiven oder negativen) Saldo im Gemeinde- oder Staatshaushalt.

Zweitens: Der Gebrauch der Doppik in den neu errichteten Tochterunternehmen und die doppische Neuformierung des Haushalts- und Rechnungswesens in den verbleibenden Kernverwaltungen nutzten Unternehmensberatungen. Sie boten entsprechende Softwareprogramme an, die sie aus der Privatwirtschaft kannten und auf den öffentlichen Bereich zuschnitten. Gute Gründe sprechen für die Restrukturierung (engl. *reinventing government*): Der Rechnungsstoff hilft Aktivitäten besser zu steuern.

Die Orientierung der Kameralistik an Zahlungsströmen, mithin die Erfassung der voraussichtlichen und verwirklichten Änderungen im Zahlungsmittelbestand, sagt erfolgswirtschaftlich wenig aus. Budgetierung, Mittelbewirtschaftung und Rechnungslegung samt Abschlussprüfung von Dienstleistungsbetrieben benötigen Informationen über den Ressourcenverbrauch (statt des Geldverbrauchs). Die in einer Periode (z. B. per annum) verbrauchten und zugewachsenen (Finanz-, Arbeits-, Betriebs-, Sach-)Mittel werden als Aufwendungen und Erträge erfasst und offenbaren den Periodenerfolg bzw. die Ertragskraft (mit Untergliederungen der Steuer-, Gebühren- und Umsatzerlöskraft, gegebenenfalls auch der Finanzkraft als Begriff für das Ausmaß akquirierter Zuweisungen oder an Zuflüssen aus dem Finanzausgleich). Der im doppischen System angelegte Verbund von Erfolgs- und Bestandsgrößen und eine darauf aufbauende Buchführung vermitteln ein den tatsächlichen Verhältnissen entsprechendes Bild der Vermögens-, Schulden-, Finanz- und Ertragslage. Vielleicht ist der Siegeszug der Doppik auch dem Umstand geschuldet, dass der kameralistische Rechnungsstil für Bürger „ein Buch mit sieben Siegeln“ darstellt, während kaufmännische Bilanzen und Gewinn- und Verlustrechnungen eher verstanden werden.

Mit der Aufspaltung der Staatswirtschaft in diverse Organisationseinheiten wächst der Wunsch, den Überblick nicht zu verlieren und eine Gesamtschau zu ermöglichen mit dem Ziel, den „Konzern“ erfolgreich zu steuern. Auch hier wurde gemeinsam mit Experten des Rechnungs- und Prüfungswesens und Firmen der Unternehmensberatung ein integriertes öffentliches Rechnungswesen erarbeitet. Es versucht, Gliederungen und Bewertungen bei den jährlichen Einzelabschlüssen zu vereinheitlichen, um dadurch Transparenz und eine der Konzernarchitektur der Wirtschaft vergleichbare Konsolidierung zu erreichen.

Man versetze sich in die Lage einer Großstadt. Bürgermeister(kollegium) und Stadtrat müssen den Konsolidierungskreis festlegen und ihren Einfluss auf strategische Entscheidungen sicherstellen. Aus politischen Zielen sind öffentliche Aufgaben abzuleiten – zum Teil bestehen sie bereits als gesetzliche Pflicht- oder Weisungsaufgaben – und damit die Beteiligungsunternehmen als Leistungszentren (engl. *performance centers*) zu beauftragen. Die Kenntnis der Jahresabschlüsse erschließt zum einen die Lage der Kernverwaltung, gewissermaßen die kommunale Holding, zum anderen die Lage der Tochter- und Enkelgesellschaften.

Aus der Konsolidierung der Jahresabschlüsse aller Konzernteile geht der Gesamtabschluss hervor. Er setzt sich aus der Gesamtergebnisrechnung und der Gesamtbilanz zusammen und wird von einem Gesamtanhang flankiert, der Erläuterungen zu Abschlusspositionen und verwendeten Bilanzierungs- und Bewertungsmethoden enthält. Wie in einem Konzern nach dem Handelsgesetzbuch weist der gemeindliche Gesamtabschluss die gegenseitige Aufrechnung des Vermögens (Kapitalkonsolidierung), der Forderungen und Verbindlichkeiten (Schuldenkonsolidierung), der Aufwendungen und Erträge (Aufwands- und Ertragskonsolidierung) sowie konzerninterner Gewinne und Verluste (Zwischenergebniseliminierung) aus.

In einem ergänzenden Beteiligungsbericht kann

über Beteiligungen informiert werden, die nicht dem Konsolidierungskreis angehören. Das ist meist der Fall, wenn die Staats- oder Kommunalbeteiligung an einem Unternehmen weniger als 50 Prozent beträgt und keine Sperrminorität bei Kapitalmehrheitsbeschlüssen vorliegt, ebenso kein Votum bei der Bestellung von Organmitgliedern, eventuell auch von unmittelbar nachgeordneten Führungskräften, vorhanden ist und im Gesellschaftsvertrag (z. B. einer GmbH) oder in der Satzung (z. B. einer AG) keine sonstigen Mitwirkungsrechte vereinbart sind. Selbst eine Minderheitsbeteiligung von unter 20 Prozent wird man aber in den Gesamtabschluss einbeziehen, soweit der öffentliche Mitgesellschafter ausreichende Leitungs- und Überwachungsrechte besitzt und eine Ausgrenzung aus dem Konsolidierungskreis verhindern wird, die staatswirtschaftliche Gesamtheit des öffentlichen Anteilseigners zu vereiteln.

Kapitel 5
Manager im öffentlichen Sektor

Merkantilismus zeichnete sich dadurch aus, dass die Staatswirtschaft erwerbswirtschaftlich ausgerichtet war. Staatliche Manufakturen, Förderung von (Bevölkerungs- und Wirtschafts-)Wachstum und Überschüsse in der Handelsbilanz sorgten für Erwerbseinkünfte im Staatshaushalt. Die merkantile Gewerbe- und Handelspolitik und die Mittelbewirtschaftung lagen damals in den Händen von in Wirtschaftsfragen kundigen Kameralisten an den Fürstenhöfen. Aus Sicht der Gegenwart sind sie die Vorgänger der Volks- und Betriebswirte. In den bis heute von Liberalismus und Kapitalismus beherrschten Wirtschaftsordnungen sammeln die Staaten überwiegend Steuereinnahmen ein. Zahlreiche Unternehmen des industriellen Bundesvermögens in Deutschland wurden privatisiert. Weniger aus wirtschaftspolitischen Gründen und mehr wirtschaftlichen Herausforderungen folgend, Annexbedürfnisse öffentlicher Aufgaben zu decken, entfalteten sich in Ländern und Gemeinden öffentliche Unternehmen mit zwar oft kleinen Betriebsgrößen, aber in großer Zahl. (Einen Einblick vermitteln Beteiligungsberichte von Flächenländern, Stadtstaaten und Städten. Exemplarisch sei die

Freie und Hansestadt Hamburg genannt, die rund 400 städtische Beteiligungen besitzt.)

In Anbetracht dieser Entflechtungen und steigender Ansprüche an das Management solcher dezentralen Unternehmen einerseits, an die Führung neu geordneter Kernverwaltungen andererseits, werden im öffentlichen Sektor zunehmend Manager gebraucht. Das Besondere an ihnen: Sie müssen janusköpfig bzw. doppelgesichtig sein. Nach außen gelten für sie politische, rechtliche, gesellschaftliche, ökologische und ökonomische Bedingungen. Beim Blick nach innen haben sie entsprechende Restriktionen zu beachten und Effektivität, Effizienz und Wirtschaftlichkeit anzustreben. Zu dieser anspruchsvollen Arbeit gesellt sich die Digitalisierung, die grundlegende Reorganisationen erfordert wie den Aufbau eines Datenmanagements, den Einsatz von künstlicher Intelligenz und von Algorithmen für Verfahrensabwicklung und den Online-Publikumsverkehr.

Drei Ansätze kennzeichnen das Management der Neuen Staatswirtschaft. Erstens: der Prinzipal-Agent-Ansatz, zweitens: der Einsatz von New Public Managern und drittens: ein innerbetrieblicher Strukturwandel. Ausgehend von der Prinzipal-Agent-Theorie, die sich der Lehre von Beziehungen zwischen Auftraggeber (Prinzipal) und Auftragnehmer (Agent) widmet und Staatsversagen mit Zielkonflikten, Informationsasymmetrie und Unsicherheit über das Verhalten der Partner zu erklären sucht, wird in der Praxis pragmatisch gehandelt. Solange Legitimation herrscht, man also gesetzlichen Vorgaben folgt und sich vertragliche Vereinbarungen daran halten, werden Hierarchien respektiert zwischen Politik/Gesetzgebung/Regierung als Prinzipale und vollziehenden Institutionen (z.B. Landesämtern, Landesbetrieben, Kreis- und Stadtverwaltungen) als Agenten, diese wiederum als Subprinzipale gegenüber ausgegliederten Organisationseinheiten, deren Leitungen als Subagenten Aufträge entgegennehmen, innerbetrieblich aber als Prinzipale wirken. Die Prinzipal-Agent-Kette setzt sich in Konzernen entsprechend fort.

Die Hierarchieebenen der Staatswirtschaft sind mit Problemen behaftet. In der merkantilistischen Epoche waren Könige und Fürsten absolutistische Prinzipale, alle Wirtschaftssubjekte bloße Befehlsempfänger. Aufklärung, konstitutionelle Monarchien und demokratische Republiken breiteten sich aus und stärkten das Selbstbewusstsein und die Einsatzbereitschaft der bürgerlichen Agenten. Heutzutage ist das Verhältnis in Deutschland zwischen Land und Kommune, im Übrigen auch mit Blick auf übertriebene föderalistische statt (maßvolle) föderale Strukturen, nicht partnerschaftlich, sondern durch Über- und Unterordnung organisiert. Der wirtschaftsfördernde und wirtschaftende Staat setzt seine Macht respektive Zuständigkeit wie im Falle anderer Aufgabenbereiche gegenüber Kommunen durch. Sie sind für ihn eine dritte Staatsebene zum Vollzug von Gesetzen und Recht.

Kommunale Selbstverwaltung dient dem Verwaltungsvollzug. Sie verkörpert mit Kreistagen und Landräten sowie mit Stadträten und (Ober-)Bürgermeistern ihre Rolle als Agent. Agenten verfügen über enge Spielräume im Rahmen der Vorgaben der Prinzipale. In Art. 28 Abs. 2 Grundgesetz heißt es zwar, dass den Gemeinden das Recht gewährleistet sein muss, „alle Angelegenheiten der örtlichen Gemeinschaft im Rahmen der

Gesetze in eigener Verantwortung zu regeln." Aber bei den Pflicht- und Weisungsaufgaben, die vier Fünftel (eher mehr) der kommunalen Aufgaben ausmachen, bedeutet das: Es kann nicht über das Ob, sondern bestenfalls über das Wie beschlossen werden. Nur bei den restlichen freiwilligen Selbstverwaltungsangelegenheiten, vornehmlich bei Kultur und Sport, sind grundlegende und langfristige (sogenannte strategische) Entscheidungen möglich. Gemeinden sind also zum größten Teil auftragnehmende Agenten und können deshalb bei der Transformation der Aufgaben kaum eigene kommunalpolitische Ziele setzen. Und bei Kultur und Sport verfügen Gemeinden über prinzipale Eigenschaften, allerdings wegen der kargen Finanzmittel nur mit beträchtlichem Handicap.

Für öffentliches Management fehlen den Gemeindevertretern Kompetenzen. Ihre Rolle als Sub-Prinzipal gegenüber Gemeindeverwaltung und Gemeindeunternehmen ist sehr begrenzt. Ziele, also erwünschte Zustände, festzulegen, fällt schon deshalb Politikern schwer, weil man an der Zielerreichung gemessen werden kann. So gesehen sind die Gemeindevertreter und die Amtsträger an der Spitze der Gemeindeverwaltung hauptsächlich Transformatoren, die Aufträge durch Konkretisierung umwandeln. Darin besteht ihre Leistung. Das zeigt sich auch bei ihrer Tätigkeit als Politiker in kommunalen Ausschüssen und Beiräten, Aufsichts- und Verwaltungsräten. Ihr Einfluss dort ist vornehmlich operativer Natur, verstanden als maßnahmenorientierte Mitwirkung.

Immerhin sind Politiker in Aufsichtsräten öffentlicher Unternehmen in Rechtsformen des privaten

Rechts mit zuständig für Bestellung und Überwachung der GmbH-Geschäftsführer und AG-Vorstände, mitunter auch für das Personal in der zweiten Linie. Ähnliche Regelungen gelten für Verwaltungsräte von öffentlichen Unternehmen in Rechtsformen des öffentlichen Rechts. Formal ist an dieser Zuständigkeit nichts auszusetzen. Materiell bzw. inhaltlich stellt sich die Frage, ob und inwieweit die Fähigkeiten bei den Mitgliedern der Überwachungsorgane von Unternehmen vorhanden sind, Führungskräfte auszuwählen, die geeignet sind, den öffentlichen Auftrag in Unternehmensziele umzusetzen, Investitions-, Finanzierungs- und Erfolgspläne und die wirtschaftliche Lage und die Jahresabschlüsse des Unternehmens (z. B. in der Energie-, Wasser-, Verkehrs-, Krankenhaus-, Kredit- oder Wohnungswirtschaft, in der Abfall- oder Abwasserwirtschaft) zu beurteilen. Finden sich die betroffenen Politiker zurecht im Dickicht von gesetzlichen, satzungsrechtlichen und per Weisung erteilten Aufgaben, parteipolitischen Beschlüssen, persönlichen Belangen und Anforderungen unternehmerischer Handlungsweisen? Kennt der Einzelne die für die örtliche Gemeinschaft relevante Raumordnung, Landes- und Regionalplanung, Verkehrs- und Siedlungspolitik? Verfügt er über Bau-, Logistik-, Umwelt- und Finanzwissen? Welchen Lösungen stimmt er zu, wenn er mit Weisungen des Unternehmensträgers konfrontiert wird, die den Interessen des Unternehmens zuwiderlaufen? Ist er sich über Haftungsprobleme im Klaren?

Es wurde angedeutet, dass Gemeindevertreter und Spitzenamtsträger ihre Arbeit als Transformatoren erledigen. Noch besser ist es für Kernverwaltung und

Unternehmen, wenn sie als Promotoren bzw. als innovative Manager tätig werden. Dann bilden die Leiter administrativer Fachbereiche und die Unternehmensleiter für den (ohnehin gehandicapten) Prinzipal keine instrumentell in Dienst genommenen Agenten, sondern Partner, die ihrerseits als Prinzipale ihre Organisationseinheiten und Mitarbeiter führen.

Zweitens: Promotoren, lies: innovative Manager, nutzen das Konzept des New Public Management. Wie erwähnt, soll es herkömmliche und nicht bewährte bürokratische Strukturen und Prozesse ablösen. Bedeutenden Anteil an der Verbetriebswirtschaftlichung haben Controller. Sie tragen dazu bei, Entscheidungen vorzubereiten und zu fundieren. Wie die Air Traffic Controller als Fluglotsen die Piloten im Cockpit von Flugzeugen informieren, sind die Führungskräfte im öffentlichen Sektor auf solche Unterstützung angewiesen. Dieses Verständnis durchzieht die Neue Staatswirtschaft. Informationen sammeln, auswerten und in die Entscheidungen einbeziehen, verbessert das *Decision-Making*. Entsprechend aus- und fortgebildet, gelingt es öffentlichen Managern, öffentliche Verwaltungen und öffentliche Wirtschaft zu erneuern.

Bisher sind die Posten an der Spitze von obersten, oberen, mittleren und unteren Behörden monokratisch besetzt. Staatspolitische Gründe mögen das Kanzlerprinzip, wonach der Kanzler die Richtlinienkompetenz der Politik besitzt, und das Ressortprinzip rechtfertigen, das den Ministern Leitung und Verwaltung ihres Geschäftsbereichs überantwortet. Bei nachgeordneten Verwaltungen und angeschlossenen öffentlichen Unternehmungen erscheint das Kollegialprinzip als angebrachter.

Fachkundige Arbeitsteilung in Leitungsgremien erweitert die regelmäßig fachübergreifenden Entscheidungsgrundlagen. Bundes- und Landesämter, Forschungsinstitute und Hochschulen, Rundfunkanstalten, Universitätskliniken, Mittelbehörden, Museen und Gemeindeverwaltungen werden durchwegs von Präsidenten, Vorsitzenden, Rektoren, Intendanten, Direktoren oder Bürgermeistern geleitet. Bei Gerichten ist es nicht anders. Auch Unternehmen haben einen Vorstandvorsitzenden, leitenden Geschäftsführer oder Sprecher. Das Kollegialprinzip steht dem nicht entgegen. Es fordert allerdings, dass die Person an der Spitze nicht allein entscheidet, sondern grundlegende und vorausschauende, generelle, personelle und finanzielle Angelegenheiten beraten und mehrheitlich beschlossen werden. Wer die Praxis kennt, weiß, dass de facto längst so verfahren wird. Die häufig existierende Kluft zu De-jure-Regelungen müsste man durch neue Geschäftsordnungen überbrücken, die Mehrheitsentscheidungen und Widerspruchsrechte (etwa in Finanz- und Rechtsfragen) festlegen.

Öffentliche Manager als Vorsitzende oder Stellvertretende Vorsitzende, als Mitglieder der Leitungsorgane und bei entsprechender Organisationsgröße als nachgeordnete Führungskräfte nehmen öffentliche Aufträge entgegen und wandeln sie in institutionelle Ziele um, aus denen dann die Aufgaben erwachsen. Im politisch-administrativen System erteilt der Staat, das heißt Legislative und Exekutive, die Aufträge, während bei öffentlichen Unternehmen Staat und Markt beherrschenden Einfluss ausüben. Für Manager im öffentlichen Sektor bedeutet das: Sie benötigen Fachwissen in ihrem Hauptgebiet und in diversen Nebengebieten, disziplinenübergreifendes Führungswissen und die Fähigkeit, ihre Kenntnisse anzuwenden. Je höher sie steigen und je mehr Verantwortung sie tragen, desto generalistischer und interdisziplinärer müssen Kenntnisse und Können werden. Als wichtigste Führungsqualitäten gelten Zielstrebigkeit, Wissensdurst, Leistungsstärke, Durchsetzungskraft, Organisationstalent, Menschenführung, Teamfähigkeit und Verhandlungsgeschick. Menschen mit diesen Eigenschaften sind rar, auch im öffentlichen Dienst samt öffentlich-rechtlicher Unternehmen und in den gemeinnützigen oder gewerblichen öffentlichen Kapitalgesellschaften.

Manche Top-Führungskräfte in Unternehmen der Staatswirtschaft laufen Gefahr, ihre Tätigkeit und Vergütung mit Unternehmen der Privatwirtschaft zu vergleichen. Sie vernachlässigen den Leistungsauftrag und die damit verbundenen Sachziele. Den Zweck des Unternehmens sehen sie in Einkommenserzielung vieler Beschäftigter, stattlicher Gewinnabführung an den öffentlichen Eigentümer und als Voraussetzung hierfür hohe Rentabilität. Beifall des Shareholders und der Stakeholder ist ihnen häufig gewiss. Die Neue Staatswirtschaft folgt insoweit der merkantilistischen Staatswirtschaft.

Ein krasses Beispiel für eine verfehlte Unternehmenspolitik lieferte die Deutsche Bahn AG. Zu 100 Prozent im Eigentum des Bundes bezeichnete sich das Unternehmen eine Zeit lang als privat (wohl wegen der privatrechtlichen Rechtsform) und als privatwirtschaftlich geführt. Das bedeutete, dass es primär auf hohe Rentabilität zielte und sogar an die Börse strebte, um private Anteilseigner zu gewinnen. Dazu veräußerte die Deutsche Bahn AG in großem Stil nicht betriebsnotwendige Grundstücke, die als außerordentliche Erträge zu Buche schlugen. Dass das eigentliche Transportgeschäft für den Massenverkehr nicht rentabel zu betreiben ist und dennoch betrieben werden soll, wurde kaschiert und mit Substanzverlust bezahlt.

Damit öffentliche Manager professionell arbeiten können, ist eine geeignete Aus- und Fortbildung unerlässlich. Sachziel- und auftragsorientiertes Management, das zugleich interdisziplinäre Ergänzungen vorsieht, muss man erlernen. Eine Übertragung eins zu eins von der primär finanziell gesteuerten privatwirtschaftlichen Unternehmenspolitik reicht für die Staatswirtschaft nicht aus. Die angewandten betriebs- und marktwirtschaftlichen Instrumente bedürfen der Umgestaltung zur Integration in den öffentlichen Sektor.

Wichtig sind für den New Public Manager die Trennung zwischen politisch-strategischen Anforderungen und betrieblich-operativen Aufgaben und die Erweiterung des Input-Output-Denkens um Outcome-Impact-Kategorien. Zum Ersten weist der Prinzipal-Agent-Ansatz den Weg, beim Zweiten kommen zum betrieblichen Rechnungswesen externe Wirkungsanalysen, auch als Programmevaluationen bezeichnet, hinzu. Sie münden im Idealfall in Outcome-Impact-Ergebnisrechnungen und Outcome-Impact-Bestandsrechnungen. Idealfall deshalb, weil sich das Wirkungsausmaß oft schlecht messen lässt, manchmal sogar imponderabel ist. Die Outcome-Impact-Ergebnisrechnungen enthalten externe Kosten und externe Nutzen. Externe Kosten umfassen Beschaffungsrenten, die jene

Geldbeträge ausmachen, die beispielsweise ein Unternehmen über die betrieblichen Faktorkosten hinaus zu zahlen bereit wäre, bevor es auf den Kauf des Produktionsfaktors verzichtet. Das Unternehmen schätzt den Nutzen des Faktors höher ein als den Kaufpreis, enthält dem Faktor also diesen Wert vor. Als externe Kosten sind ferner Benachteiligungen (z. B. gesundheitliche Beeinträchtigung oder zeitliche Aufwendungen) für Mitarbeiter, Kunden, Lieferanten, Shareholder, Stakeholder und die Allgemeinheit und Belastungen für Boden, Wasser, Luft und Raum zu nennen, die sich nicht in Marktvorgängen niederschlagen. Auf der anderen Seite stehen die externen Nutzen. Dazu zählen Absatzrenten, d. h. Geldbeträge, die beispielsweise ein Konsument über den Marktpreis hinaus zu zahlen bereit wäre, bevor er auf den Kauf des Produktes verzichtet. Der Konsument schätzt den Nutzen des Gutes höher ein als den Kaufpreis bzw. der Produzent stiftet einen den Marktpreis übersteigenden Nutzen. Bestandteile der externen Nutzen sind ferner Begünstigungen für die genannten Adressaten und Entlastungen für die Natur.

Die Posten der Outcome-Impact-Bestandsrechnungen weisen auf der Aktivseite das Humanvermögen aus, das den Wert des betrieblich geschaffenen Leistungspotenzials der Mitarbeiter, anders gesagt: externe Forderungen des Betriebs gegenüber den Mitarbeitern, beinhaltet. Das Gemeinvermögen in Bezug auf Gesellschaft bzw. Allgemeinheit und das Naturvermögen sucht man analog zu erfassen. Demgegenüber stehen Human-, Gemein- und Naturschulden, die sich ergeben aufgrund des betrieblich unterlassenen Leistungspotenzials der Mitarbeiter, anders gesagt: externe Verbindlichkeiten des Betriebs gegenüber den Mitarbeitern bzw. der Allgemeinheit und Natur.

In der Neuen Staatswirtschaft findet drittens ein innerbetrieblicher Strukturwandel statt. Er besteht aus einer Ausdifferenzierung merkantiler Gesinnung getreu der Devise: Je näher dran am Kunden, desto besser. Erreicht wird dies durch Zusammenführung von Fach- und Ressourcenkompetenz in Verbindung mit dezentralen Dienst- bzw. Geschäftsstellen. Ein erster Schritt war, jenen Mitarbeitern, die eine Sache bearbeiteten, auch die Entscheidung und das Zeichnungsrecht zu übertragen. Durch diese Delegation wurden ein innerer Anreiz und die Identifizierung mit der Arbeit ausgelöst. In einem zweiten Schritt vereinigt man fachliche Zuständigkeit mit der Ressourcenkompetenz. Damit erhält der Sachbearbeiter auch das Recht, über fallbezogene Budgetmittel zu verfügen. Eine dritte Verlagerung, diesmal mit Außenwirkung, besteht in der Errichtung eines Performance Centers (gelegentlich auch eines Cost oder Profit Centers). Hier werden Aufgaben und Verantwortung gebündelt. Der Bürger oder Kunde kann (z.B. im Einwohneramt oder bei der Wirtschaftsförderung) aus einer Hand bedient werden. Räumliche Nähe schaffen zusätzlich dezentrale Dienststellen, etwa Bürgerämter oder Geschäftsstellen von Unternehmen. Solche Front Offices befördern Kundenkontakte und lassen schnelle Entscheidungen zu. Unterstützung erfahren sie durch Back Offices bzw. zentrale Abteilungen, die – genügend groß – Spezialisten aufweisen, durch Koordination für Vereinheitlichung sorgen und Doppel- oder Mehrfacharbeit verhindern.

Kapitel 6
Staatshilfen und Beteiligungen

Das Comeback des Merkantilismus wird in diesem Kapitel besonders deutlich. Zur Erinnerung: Die merkantilistische Wirtschaftspolitik förderte das Gewerbe und den Binnen- und Außenhandel. Staatliche Manufakturen für Porzellan, Silber, Glas, Spiegel, Seide, Tapisserien, Spinnen und Weben, Kunsttischlerei, Lederwaren, Kutschen, Uhren, Waffen und Papier deckten den Eigenbedarf für die Hofhaltung von König und Fürsten und waren Prototypen für die Handwerksbetriebe. Das Ziel bestand in der Steigerung des Wohlstands von Staat und Volk. Zwar änderten sich im Laufe der Jahrhunderte Art und Weise der Förderungsmaßnahmen, aber Staatshilfen und Staatsbeteiligungen tragen nach wie vor zum Erfolg bei – heutzutage hierzulande offenbar mehr denn je. Die öffentlichen Hände vergeben Aufträge für zu beschaffende Dienstleistungen und Sachgüter (in riesigen Volumina), gewähren Garantien bei Auslandsgeschäften und Kreditaufnahmen und subventionieren mittels Steuererleichterungen, Darlehen und Zuschüssen (z. B. Kurzarbeitergeld). Für die Daseinsvorsorge sind kommunale Unternehmen tätig. In Kriegs- und Notzeiten wurden Schlüsselindustrien im Bereich von Kohle- und Stahlerzeugung, Chemieprodukten und Maschinenbau verstaatlicht.

In der Finanzkriese in den Jahren 2007/08 intensivierte man weltweit und in Deutschland die staatliche Aufsicht über Finanzinstitute. In Deutschland mit seiner Sozialen Marktwirtschaft stieg der Staat mit Beteiligungen bei Firmen ein (Musterfall: Commerzbank), um deren Überleben zu sichern. Die Coronavirus-Krise des Jahres 2020 stürzte die geordnete Marktwirtschaft in ein ungeordnetes Chaos. Ausgangs- und Einkaufsbeschränkungen senkten die Konsumnachfrage der privaten Haushalte radikal. Die produzierenden Unternehmen unterließen Investitionen, verringerten die Zahl der Mitarbeiter und schmälerten drastisch ihre Angebote. Eine Rezession war nicht aufzuhalten. Marktkräfte brauchen Zeit, um Wachstum bei Investitionen, Sparen und Verbrauch anzuregen und auszugleichen. Kurzfristig kann nur der Staat Abhilfe schaffen. Und er muss zusätzlich auf weite Sicht Vorkehrungen treffen, damit gravierende Wechsellagen für Bevölkerung und Wirtschaft zumindest gehemmt werden, denn gänzlich lassen sie sich kaum vermeiden.

Für die Wahrung der Liquidität der Volkswirtschaft und der Wirtschaftssubjekte ist in Krisenzeiten finanzielle Hilfe sofort geboten. Unbürokratische Zuschüsse, die (nach Betriebsgröße, Branche, Bedeutung und Ertragslage gestaffelt) zufließen, beseitigen Liquiditätsengpässe schneller und billiger als „Darlehensspritzen“ bzw. „Kassenkredite“ mit Zins- und Tilgungsbedingungen. Im Falle solcher Staatshilfen von großem Umfang lässt sich eine staatliche Verschuldung nicht umgehen.

Größere und solide Sicherheit versprechen zwei

Arten von Staatsbeteiligungen: zum einen schwebende Beteiligungen, die strauchelnden Unternehmen in Grenzsituation beispringen und nach wiederkehrendem Erfolg zurückgenommen werden. Der Staat kann als aktiver Anteilseigner oder stiller Teilhaber Risiken abfedern helfen, insbesondere auch dazu beitragen, dass Arbeitsplätze, Beschäftigung, Einkommen, Sozialabgaben und Steuern nicht vollends abhandenkommen.

Staatswirtschaft und Privatwirtschaft vermengen sich zum anderen auch bei fundierten Beteiligungen. Der Eigenkapitalanteil des Staates hängt hauptsächlich von ordnungspolitischen Erwägungen und vom Einfluss ab, den der Staat ausüben will. Eine Minderheitsbeteiligung ohne Mitwirkungsrechte stammt oftmals aus früheren Perioden und wird vielleicht aus traditionellen Gründen beibehalten. Trotz geringer Kapitalbeteiligung können Sperrminorität bei Kapitalerhöhungsbeschlüssen (ohne sie ließe sich der Staat als Gesellschafter ablösen) und Vetorechte bei der Bestellung des Leitungspersonals im Gesellschaftsvertrag oder in der Satzung vereinbart worden sein. Dann läge eine sogenannte gemischtwirtschaftliche Unternehmung vor. Der Übergang zum rein öffentlichen Unternehmen (in 100-prozentigem staatlichen oder kommunalen Eigentum) ist fließend. Für statistische Zwecke werden Unternehmen als öffentliche Unternehmen kategorisiert, bei denen eine öffentliche Hand über mindestens 50 Prozent Anteile verfügt.

Für Staatsbeteiligungen gibt es zahlreiche und vielfältige Gründe. Man kann sie in drei Gruppen zusammenfassen. Dafür taugt aber weniger die wirtschaftspolitische Gliederung in Ordnungs-, Prozess- und

Strukturpolitik, denn sie suggeriert ein Instrumentarium von einheitlicher Geschlossenheit. Wie im Merkantilismus kann bei Staatsbeteiligungen im jetzigen Wirtschaftssystem davon keine Rede sein. Mit Staatsbeteiligungen werden seit Ende des 19. Jahrhunderts bis heute spezielle Zwecke verfolgt. An erster Stelle darf man Pionierleistungen nennen. Sie werden zwar gewöhnlich für die innovative Privatwirtschaft reklamiert, doch gilt es zu unterscheiden zwischen einerseits Erfindungen von Ingenieuren (im Maschinenbau, in der Kraftfahrzeugindustrie und weiteren Industriezweigen), Naturwissenschaftlern, Ärzten usw., Fertigkeiten von Handwerkern und Fähigkeiten von Kaufleuten, Leistungen gewinnträchtig zu vermarkten, andererseits gemeinwohlorientierten Schrittmacherdiensten der Daseinsvorsorge (vorwiegend in der kommunalen Wasser-, Gas- und Elektrizitätswirtschaft und im öffentlichen Personennahverkehr). Staatliche Unternehmen stehen auch für hochriskante Grundlagenforschung (z. B. über Kernspaltung, Kernverschmelzung, Biomedizin, Gentechnologie, Virologie), forschungsaffine Anwendungen (z. B. Universitätskliniken, ehemalige Atomkraftwerke) und exemplarische Musterbetriebe (z. B. in Pflanzenzucht, Gartenbau, land- und forstwirtschaftlichen Domänen, Gestüten, eventuell in der Alternativwirtschaft und für sozialen Fortschritt).

Der Staat beteiligt sich zweitens an Unternehmen partiell oder total oder errichtet eigene Unternehmen, um Bedarfe zu decken. Es können Nischenbedarfe oder Bedürfnisse der Allgemeinheit sein, die in der Regel unrentierlich oder bestenfalls kostendeckend sind und vom Markt nicht oder kaum bedient werden. Kulturunternehmen (z.B. Museen, Orchester, Theater) und Wohnungsunternehmen (z.B. genossenschaftlicher und sozialer Wohnungsbau und Vermietungen in unterem und mittlerem Preissegment) gehören dazu. Beide wuchsen durch Annexbetriebe innerorganisatorisch (z.B. mit Abteilungen für diverse Handwerke) oder durch Tochtergesellschaften (z.B. für Projektentwicklung, Grundstückserschließung und Hausverwaltung). Eine Ausnahme davon bilden öffentliche Unternehmen, die ihr Dasein Grenzsituationen verdanken. Mit Sparkassen wurde noch in der abklingenden Epoche des Merkantilismus in der zweiten Hälfte des 18. Jahrhunderts die Armut der unteren Bevölkerungsschichten durch sichere und verzinsliche Anlage ihrer Ersparnisse bekämpft. Ebenfalls als „Hülfskassen", später zur Abwicklung des Zahlungsverkehrs, errichtete man Landesbanken. Wohnungsnot und Kapitalmangel ließen nach dem Ersten Weltkrieg Landesbausparkassen entstehen. Der Schadensverhütung dienten schon im 18. Jahrhundert die als kommunale oder staatliche Monopolunternehmen gegründeten Feuerversicherungen. Durch Entscheidungen der Europäischen Union wurden 1994 zur Steigerung des Wettbewerbs von Versicherungen diese Monopole abgeschafft. Eigentümer der öffentlichen Versicherer sind die Sparkassen und Sparkassenverbände.

Im derzeit herrschenden Liberalismus in Deutschland hat die Coronavirus-Pandemie eine merkantilistische Lawine losgetreten. Die beständige Wirtschaftspolitik wird ausgebremst und Zuflucht zu hergebrachten Rezepten ohne fehlende Konstanz gesucht. Die momentane Grenzsituation erfordert rasches Handeln eines helfenden Staates. Für Schutzmasken und Schutzkleidung, Tests und Impfstoffe, Subventionen für Privathaushalte und Unternehmen stehen öffentliche Fördergelder (in nie gekanntem Ausmaß) bereit. Große, prominente und systemrelevante Unternehmen erhalten zur Abwehr eines finanziellen Zusammenbruchs frisches Eigenkapital oder Bürgschaftskredite. Merkantilistisch geprägt sind öffentliche Aufträge an Unternehmen mit der Verpflichtung, ihre Produktion umzustellen – soweit dies technisch möglich ist –, um dringend nötige Bedarfe zu decken.

Neben Pionierleistungen und Bedarfsdeckung waren und sind Agenturleistungen ein drittes Motiv zur Gründung öffentlicher Unternehmen. Vor allem von Städten gegründet, bieten deren Beratungs-, Tourismus-, Marketing- und Wirtschaftsförderungsunternehmen ihre Vermittlungsdienste an.

Unternehmen in staatlichem oder kommunalem Eigentum werden vielfach kritisiert. Sie wären ein Fremdkörper im Wirtschaftssystem, würden private Wettbewerber benachteiligen und seien ineffizient. Kritiker verweisen auf eine Vielzahl von rechts- und wirtschaftswissenschaftlichen Gutachten, Stellungnahmen von Wirtschaftsverbänden, Meinungsäußerungen von Journalisten und Interessenbekundungen von Lobbyisten. Dabei wird meines Erachtens übersehen, dass es „die öffentliche Wirtschaft“ oder „die Staatsunternehmen“ oder „die Kommunalunternehmen“ als Macht- und Wettbewerbsfaktor in Deutschland gar nicht gibt. Ihre Betätigung ist ohnehin rechtlich eingeschränkt.

Nach § 65 Abs. 1 Bundeshaushaltsordnung und gleichlautend in den Landeshaushaltsordnungen soll sich der Bund oder ein Land an einem Unternehmen in Privatrechtsform nur beteiligen und unternehmerisch betätigen, wenn

- ein wichtiges öffentliches Interesse vorliegt,
- eine Risikobegrenzung und
- ein angemessener Einfluss auf das Unternehmen sichergestellt sind sowie
- der Jahresabschluss qualifiziert aufgestellt und geprüft wird.

Für Gemeinden ist nach den Gemeindeordnungen (wie bereits beim öffentlichen „Betrieb gewerblicher Art" angedeutet, dem Subsidiaritätsprinzip folgend) vorgeschrieben, dass der Unternehmenszweck nicht ebenso gut und wirtschaftlich durch einen privaten Dritten erfüllt werden kann. Im Übrigen sieht Art. 107 Abs. 1 Vertrag von Amsterdam vom 2. Oktober 1997, der den Art. 87 Abs. 1 EG-Vertrag gleichlautend übernahm, vor, dass „staatliche oder aus staatlichen Mitteln gewährte Beihilfen gleich welcher Art, die durch die Begünstigung bestimmter Unternehmen oder Produktionszweige den Wettbewerb verfälschen oder zu verfälschen drohen, mit dem Binnenmarkt unvereinbar" sind, „soweit sie den Handel zwischen Mitgliedstaaten beeinträchtigen."

Diese rechtlichen Schranken verhindern ein ungezügeltes Ausbreiten öffentlicher Unternehmen im gängigen privatwirtschaftlich ausgerichteten Wettbewerbssystem. Die Existenz öffentlicher Unternehmen als Schrittmacher, Bedarfsdecker und Vermittler stützt und stabilisiert die Soziale Marktwirtschaft im Regelfall. Dank dieser Funktionen verhindern die mannigfaltigen Staats- und Kommunalbeteiligungen eine ungehemmte Entfaltung des Marktliberalismus und Turbokapitalismus. Sicherlich ist in Einzelfällen der Vorwurf vertretbar, dass sie das Geschäftsleben (z. B. von Banken, Versicherungen, Handwerkern) erschweren. In Notzeiten erweisen sich staatliche Hilfen und Beteiligungen aber als unverzichtbar. Wenn operativ gesunde und profitable Unternehmen unverschuldet in Not geraten, ist der Staat als unbürokratischer, schnell verfahrender Unterstützer unentbehrlich. Er spielt gewissermaßen die Rolle eines merkantilistischen Schutzherrn. Wie ausführlich, langanhaltend, zu welchen Bedingungen insbesondere mit welchem Einfluss sich der Staat am Eigenkapital beteiligen soll, kann nicht aus ordnungspolitischer Warte entschieden werden. Überbrückungsmaßnahmen sind unverzüglich zu ergreifen und erst danach kommen Konjunktur- und Wachstumspolitik zum Zug.

Am Rande sei noch vermerkt, dass sich öffentliche Unternehmen feindlichen Übernahmen widersetzen können. Daraus den Schluss zu ziehen, innovative Technologiefirmen zu verstaatlichen, wäre verfehlt. Eine staatliche Minderheitsbeteiligung könnte aber solchen gemischtwirtschaftlichen Unternehmen helfen, unbotmäßige Angriffe abzuwehren.

Kapitel 7
Rekommunalisierungen

Eine sichere und effiziente Daseinsvorsorge ist in Gemeinden von größtem Belang. Sie bedeutet, dass man zu jeder Zeit selbst Spitzenbedarfe zu decken vermag und die Versorgungsleistungen wirtschaftlich und effizient angeboten werden. Die ständige und ausreichende Bedarfsdeckung benötigt hohe Kapazitäten, die mit hohen Kosten verbunden sind. Hohe Kosten verursachen auch der Einkauf umweltfreundlicher Rohstoffe, der Einsatz umweltschonender Technologien und die umweltverträgliche Entsorgung der Abfälle. Gemeinwohl kostet! Anbieter ohne Gewährleistung der Versorgungssicherheit und ohne Zusicherung der Nachhaltigkeit werden dem Gemeinwohl nicht gerecht. Manche Stadt sorgte bei der Privatisierung der Wasser- oder Energieversorgung dafür, dass zwar die Sicherheit der Produktqualität und der Entsorgung und vor allem günstige Benutzungsentgelte vereinbart wurden. Aber die Preise steigen inzwischen und die erhofften Umweltwirkungen fielen teilweise oder ganz aus. Rekommunalisierungen sind die Folge. Ehemalige Privatisierungen werden rückabgewickelt.

Bei den Rekommunalisierungen steht die Rückgewinnung des Einflusses der Gemeinden oben an. Die Gefahr, die die EU-Kommission Staatsbeteiligungen unterstellt, dass sie dem Wettbewerb schaden könnten, droht Kommunalbeteiligungen nicht, zumindest nicht in der Energiewirtschaft. Denn die früheren Privatisierungen von Stadtwerken samt der Konzessionierung städtischer Leitungsnetze erfolgten an regionale oder überregionale Energieversorger, die sowieso wettbewerblich reguliert waren.

Rekommunalisierungen haben teils positive, teils negative Konsequenzen. Der Stadt wachsen ehemalige Kompetenzen zu, sie trifft Entscheidungen und übernimmt Verantwortung. Beispiele für Rekommunalisierungen sind Abfallentsorgung, Abwasserbeseitigung, Stadtreinigung, Verkehrsüberwachung, Bauordnungswidrigkeiten, Erfassung von Altlaststandorten, Luftreinhaltepläne, wasserwirtschaftliche Zuständigkeiten, Prostitutionsverbote, Sozialhilfeangelegenheiten, Kindertagesstättenbau usw. Es handelt sich also um Aufgaben, die ursprünglich kommunale Aufgaben waren, in den vergangenen Jahrzehnten staatlichen Ober- oder Mittelbehörden überantwortet wurden und jetzt wieder Kommunen anvertraut werden.

Soweit durch die Aufgabenrückführung Stadtwerke oder andere kommunale Unternehmen erweitert oder errichtet werden müssen, stellt sich zumindest bei Bürgermeistern das Problem der Ämterhäufung. In größeren Städten führt der Oberbürgermeister den Vorsitz von zwei bis drei Dutzend Aufsichts- und Verwaltungsräten sowie von Gesellschafter-, Träger- und Mitgliederversammlungen. Selbst wenn ihn ein Beteiligungscontroller unterstützt oder ein Beteiligungsmanagement als Stab oder in der Linie die Hauptarbeit abnimmt, wächst zeitraubende und kostenaufwendige Bürokratie. Ein Beteiligungscontrolling sorgt für die Vorbereitung von Beschlüssen durch Informationen. Das umfänglichere Beteiligungsmanagement plant, steuert und überwacht Beteiligungen, bereitet Gremiumsitzungen an Hand der Verträge, Protokolle, Jahresabschlüsse und Prüfungsberichte auf, meldet Kennzahlen und Abweichungen und bewertet Lage und Entwicklung des Unternehmens.

Nicht Ämterhäufung, aber Ämter zuhauf bieten unter Umständen neue oder erweiterte Beteiligungen. Bundes-, Landes- und Gemeindeunternehmen halten zum Teil gut dotierte Posten für aktive oder ehemalige Parteipolitiker, Ministerialbeamte und städtisches Führungspersonal bereit. Man kann dies als Vor- oder Nachteil werten.

Kapitel 8
Merkantile Schutzschirme?

Das Wirtschaftssystem in Deutschland ist eine Soziale Marktwirtschaft. Sie sorgt für freiheitlichen Wettbewerb in der Wirtschaft im Rahmen sozialstaatlicher Gebote. Sowohl der Wettbewerb als auch der Sozialstaat gelten nicht unbeschränkt. Der Wettbewerb wird reguliert, aber auch gefördert. Wettbewerbsbeschränkungen und exzessive Konkurrenz, lies: missbräuchliche wirtschaftliche Machtausübung, sucht man zu verhindern. Kern des Sozialstaatsgebots ist, Bürgern in sozialen Notlagen zu helfen und Beeinträchtigungen etwa durch Krankheit, Alter, Invalidität, Behinderungen und Arbeitslosigkeit zu bewältigen. Obwohl sich das Gebot kaum inhaltlich exakt bestimmen lässt, erweist sich Daseinsvorsorge als integraler Bestandteil, denn sie mildert oder gleicht soziale Gegensätze und Konflikte aus, trägt zur wirtschaftlichen Stabilität bei und sichert Zukunft für Bürger und Unternehmen.

Von der Europäischen Union als „Dienstleistungen von allgemeinem wirtschaftlichen Interesse“ bezeichnet, deckt die Daseinsvorsorge in Deutschland infrastrukturelle Bedarfe im Regelbetrieb. Sie ist gewissermaßen dessen merkantilistisches Fundament. In Notzeiten, hervorgerufen durch Kriege, Naturkatastrophen, finanzielle, gesundheitliche oder gesellschaftliche Krisen, sind weitergehende staatliche Aktivitäten und Eingriffe unumgänglich. Nur vereint können solche Grenzsituationen gemeistert werden. Die merkantilistische Wirtschaftsförderung vermag hier vorübergehend das liberalistische Wirtschaftssystem zu stärken. Die Betonung liegt auf vorübergehend, denn administrierte Bedingungen und Preise, Notstandsmaßnahmen, Investitionslenkung, Subventionen und/oder Steuerbegünstigungen sollen nur ausnahmsweise und kurzfristig greifen, um auf mittlere und längere Sicht das bewährte marktwirtschaftliche Gleichgewicht wieder zu erreichen.

Politisch betrachtet, bietet der Merkantilismus allerdings ein verführerisches Aktivitätsbündel. Es erlaubt, beliebte Beschlüsse zu fassen: Senkung von öffentlichen Abgaben, Verteilung von Ausgaben, Zuschüssen, Bürgschaften, Krediten an Zielgruppen und Wirtschaftszweige, Zugeständnis von Rechten und Erlass von Pflichten. Deshalb dürfen die merkantilistischen Instrumente nicht ausufern. Sie müssen nach Beendigung der Ausnahmesituation auf das normale Maß zurückgeführt werden. Das ist leichter gefordert als getan. Hat sich die Politik erst einmal eingerichtet, beherrscht sie die Szene, und blockt sie rivalisierende Großgruppierungen wie Industrie und Handel, Arbeitgeber, Gewerkschaften und Verbände ab, dann tut sie sich schwer, eingenommene Positionen in Aufsichts- und Verwaltungsräten wieder freizugeben, Staatsbeteiligungen in Unternehmen zu retournieren und von zuerkannten Privilegien abzurücken.

Die wirtschaftspolitische Bekämpfung der derzeitigen Coronavirus-Krise geschieht weniger durch ordnungspolitische Aktionen und mehr durch Wirtschaftsförderung im Stil des Merkantilismus. Überhaupt haftet staatlicher und kommunaler Wirtschaftsförderung der Makel an, weder wirtschaftssystemkonform noch wettbewerbsstimulierend zu sein, wenn sie mit Maßnahmen für einzelne Unternehmen oder Branchen oder Regionen verbunden sind. Verständlich ist diese gegenwärtige Wirtschaftsförderung, die sich um die wirtschaftliche Existenz von etablierten Handwerks-, Industrie- und Handelsfirmen, Dienstleistern im Reise-, Hotel- und Gaststättensektor, kulturellen und sportlichen Einrichtungen, Start-ups und von Solo-Selbstständigen kümmern muss. Denn jetzt geht es nicht um eine Steuerung der Wettbewerbs-, Stabilitäts-, Verteilungs- oder Außenwirtschaftspolitik, auch nicht um Bildungs- oder Umweltpolitik, sondern um eine Überbrückungshilfe für ohne Schuld in Not geratene Groß-, Mittel- und Kleinunternehmen. Ziel dieser Wirtschaftspolitik ist nicht die Beseitigung von Marktversagen und Marktverzerrungen. EU und Staat greifen mit einem Milliarden-Europaket ein, weil ohne Hilfe Zahlungsunfähigkeit, Überschuldung und letztlich Insolvenz der Unternehmen drohen.

Doch wo liegen die Grenzen staatlicher Zuschüsse, Garantien, Kredite, Beteiligungen? Werden auch private Insolvenzen von freischaffenden Künstlern, Lehrbeauftragten, Filmemachern, von ungezählten Freiberuflern vom Rettungspaket erfasst? Größte Bedenken stellen sich ein, wenn vom Staat Kaufprämien für Autos zum Ankurbeln des Kfz-Absatzmarktes gezahlt werden. Nicht von ungefähr liebäugelt die Politik in Frankreich mit einem Kaufprämienhilfspaket für angeschlagene Autokonzerne. Dieser als „historisch“ bezeichnete Plan passt gut zu der merkantilistischen Vergangenheit des Landes. Gewiss ist die Automobilindustrie in Deutschland eine Schlüsselindustrie. Politiker, Lobbyisten, Journalisten und Wissenschaftler weisen auf die hohe Zahl der daran hängenden Arbeitsplätze hin bei Fabrikation, Montage, Zulieferern, Händlern, Kfz-Teileausstattern, Finanzinstituten, Versicherern, Raffinerien, Tankstellen usw., ebenso auf die Bedeutung für deutschen Export und deutsche Innovationskraft. Doch diese sogenannte systemrelevante Förderung ist Merkantilismus pur! Sind andere Maschinenbauindustrien oder auch die Gesundheits- und Sozialwirtschaft mit ebenfalls hohen Beschäftigtenzahlen weniger systemrelevant?

Schon greift die merkantilistische Förderung auf die Deutsche Lufthansa und die Deutsche Bahn über. Wann melden andere Wirtschaftszweige, Kommunen und Berufsgruppen Ansprüche auf Hilfsmittel an? Ordnungspolitisch und wettbewerbsrechtlich sind staatliche Kapitalspritzen schwer vertretbar. Aus überragendem öffentlichen Interesse mögen sie zur Abwehr einer gravierenden Störung des gesamtwirtschaftlichen Gleichgewichts und zur Sicherung der wirtschaftlichen Existenz vieler Personen und Institutionen notwendig sein. Für solche Genehmigungen vonseiten der EU und des Staates müssen Auflagen (wie man sie von Kartellrecht und Fusionskontrolle her kennt) verankert und die Dauer für die Ausnahmesituation befristet werden. Schließlich tragen die Steuerzahler die Last dieser Umverteilung von Einkommen.

In einem freiheitlichen Wirtschaftssystem wünscht

man sich von einer Ordnungspolitik systemaffine Fördermaßnahmen. Die Förderung einzelner systemrelevanter Bereiche gehört nicht dazu. Überhaupt ist Systemrelevanz kein Kriterium in einer liberalen Gesellschafts- und Wirtschaftsordnung, deren Leitfigur Menschenwürde, freie Entfaltung der Persönlichkeit, Freiheit der Person und Gleichheit vor dem Gesetz kennzeichnet.

Den Versuch, einer Krise oder Katastrophe Herr zu werden, müsste man zunächst systemaffin unternehmen. Als bewährte oder noch zu erprobende Instrumente bieten sich momentan an: schnell greifende steuerliche Verlustverrechnungen, verringerte Steuersätze, Aufschub von fälligen Sozialabgaben, Zuschüsse zu betrieblichen Fixkosten, kurzfristig wirkende Ausnahmeregelungen bei der Energieversorgung (z. B. bei Anschluss- und Abnahmeverpflichtungen der Netzbetreiber zur Aufnahme von Strom aus erneuerbaren Energien). Systemaffin wären auch eine Senkung des Mindestlohns und eine Erhöhung des Kurzarbeitergeldes, auf längere Sicht vor allem Investitions- und Konjunkturprogamme sowie der Abbau von staatlicher Bürokratie. Diese Maßnahmen kämen nicht Einzelinteressen zugute, sondern würden dem Strukturwandel helfen. Dann blieben wir der Wirtschaftsordnungspolitik treu und ließen es zumindest in dieser Hinsicht bei der alten Staatswirtschaft bewenden, hielten (mit anderen Worten) merkantilistische Förderungen im Zaum.

Auswahlbibliografie

Im Folgenden werden alphabetisch geordnete Quellen im deutschsprachigen Schrifttum angeführt. Aus den Titeln geht hervor, ob sie mehr geschichts- oder mehr wirtschaftswissenschaftlich ausgerichtet sind. Die historisch orientierten Publikationen widmen sich primär gesellschaftlichen Bedingungen und Entwicklungen. Bei den ökonomisch argumentierenden Veröffentlichungen stehen staatliche Zielsetzungen und staatliche Eingriffe in und Folgen für die Wirtschaft im Vordergrund. Eine ebenfalls den Titeln zu entnehmende dritte Kategorie befasst sich mit Aspekten staats- und kommunalwirtschaftlicher Praxis. Ausgewählt wurden nur Bücher ab dem Jahr 2000. Die Zahl von einschlägigen Aufsätzen in Zeitschriften ist unüberschaubar.

Dietmar Bräunig und Wolf Gottschalk (Hrsg.), Stadtwerke – Grundlagen, Rahmenbedingungen, Führung und Betrieb, Baden-Baden 2011

Dietrich Budäus (Hrsg.), Kooperationsformen zwischen Staat und Markt – Theoretische Grundlagen und praktische Ausprägungen von Public Private Partnership, Baden-Baden 2006

Peter Eichhorn, Christoph Reichard und Gunnar F. Schuppert (Hrsg.), Kommunale Wirtschaft im Wandel – Chancen und Risiken, Baden-Baden 2000

Peter Eichhorn, Öffentliche Dienstleistungen, Reader über Funktionen, Institutionen und Konzeptionen, Baden-Baden 2001

Peter Eichhorn und Kai Lehnert, Kosteneinsparungen bei der Landesverwaltung Rheinland-Pfalz, hrsg. vom Bund der Steuerzahler Rheinland-Pfalz, Mainz 2002

Wilga Föste, Das Geld im ökonomischen Denken des Merkantilismus, Marburg 2015

Wolfgang Gerstlberger und Michael Siegl (Hrsg.), Öffentliche Dienstleistungen: unverzichtbarer Baustein der Daseinsvorsoge!, Bonn 2009

Thomas Handschuhmacher, Was soll und kann der Staat noch leisten? Eine politische Geschichte der Privatisierung in der Bundesrepublik 1949–1989, Göttingen 2018

Hans Werner Holub, Eine Einführung in die Geschichte des ökonomischen Denkens, 2: Merkantilismus, Kameralismus, Colbertismus und einige wichtige Ökonomen des 17. und 18. Jahrhunderts (ohne Physiokraten und Klassiker), Wien 2005

Moritz Isenmann (Hrsg.), Merkantilismus – Wiederaufnahme einer Debatte, Stuttgart 2014

Gerhard Kolb, Geschichte der Volkswirtschaftslehre – Dogmenhistorische Positionen des ökonomischen Denkens, München 2004

Holger Mühlenkamp, Franz Schulz-Nieswandt, Markus Krajewski und Ludwig Theuvsen (Hrsg.), Öffentliche Wirtschaft – Handbuch für Wissenschaft und Praxis, Baden-Baden 2019

Heinrich Reinermann und Christian Roßkopf, Merkantilismus und Globalisierung, Baden-Baden 2000

Michael Schäfer, Kommunalwirtschaft – Eine gesellschaftspolitische und volkswirtschaftliche Analyse, Wiesbaden 2014

Rolf Walter, Wirtschaftsgeschichte – Vom Merkantilismus bis zur Gegenwart, 5. Aufl., Köln u. a. 2011